部屋も心も整う片づけ学

池上彰 責任編集
近藤麻理恵

KADOKAWA

片づけても片づけても
リバウンド
してしまうんです

T

TIDYING STUDIES

もったいなくて
ものを捨てることが
できません…

散らかっていても
気になりません。
片づけたほうが
いいですか？

片づけ学とは？

経済が発展して都市化が進み
狭い住居に大量のものや情報が
溢れる状態になっている今。
片づけに関する知識やスキルを
もつことは、誰にとっても
重要なことになってきています。

池上 彰

ジャーナリスト　AKIRA IKEGAMI

片づけることは、自分が持っている
ものとしっかり向き合うことです。
今の自分がときめくものを
1つ1つ選んで残す作業は
あなたの判断力や決断力を高め
人生までも変える力があります。

近藤麻理恵

片づけコンサルタント　MARIE KONDO

編集会議で…

膨大な本の整理に頭を悩ませる池上さんに
すべての本を本棚から出して
ときめきチェックすることをすすめる近藤さん。
現代、必要性が増している片づけについて
さまざまな角度から議論しました。

日本人は**決断力が弱い**
――池上

こんまりメソッドは
決断力を磨く
トレーニング ――近藤

手を動かしたものには愛着がわく

片づけをすることで
人生が動いていく

視点を変えると
片づけは楽しい

日本は**片づけ**
情報先進国

人間関係も
片づけられる

豊かな暮らしが
片づけを必要としている

片づけると
無駄遣いが
なくなる

片づけは
人生の棚卸し

クローゼット

無造作に積み重ねられた洋服。残した洋服は、種類ごとにハンガーに掛け、たためるものはたたんでかごへ。

Before

After

リビング

棚に収まってはいるものの、ものが多い印象。いちど全部出して精査して飾りなおしたら、すっきりした印象に。

Before

After

収納などの
悩みは
世界共通!

海外

片づける前とあとを 実際に見てみましょう

引き出し

ぽんぽんと引き出しに放り込まれていた靴下。きちんとたたみ、色や柄を揃えて収納したら、探しやすくなりました。

オフィス

書籍や資料などが雑多に置かれていました。整理したあと、ボックスの上には好きなものを並べ、ときめき空間に。

CONTENTS

CHAPTER

2 こんまりメソッド、その考え方を知る

47

SPECIAL COLUMN

こんまりメソッドでもっと「片づけ」を極める

CHAPTER 3

暮らしのための片づけを実践する

CONTENTS

CHAPTER 4

仕事回りにも着手。キャリアが輝く

CHAPTER 5

社会や地球の未来が整う一歩へ

STAFF

アートディレクション	俵 拓也	イラスト	花松あゆみ(カバー)	DTP・図版	エストール
デザイン	俵社		林田秀一(似顔絵)	図版協力	GRiD
撮影	西村彩子		水谷慶大(中面)	校正	鷗来堂
ヘアメイク	井生香菜子(近藤麻理恵)、久保りえ(池上 彰)			編集協力	生島典子
取材協力	KMJ、井上恭子(P6上)、巾 昌子(P6下)、Jana Adkins(P7上)、エレン彰乃(Ayano Eren、P7下)			編集	柳 緑(KADOKAWA)

※本書の情報は2024年4月時点のものです。

CHAPTER 1

片づけを学び、身につける大切さ

ものが溢れる今こそ必要なスキル

片づけは、今や生きていくうえで欠かせないスキルです。
片づけを現代の教養と捉えてその必要性を考えます。

— TIDYING STUDIES —

「片づけ」を教養として身につけたい、その理由はなぜか

現代の悩みの多くは、「片づけられていない」ことから起こります。

ものがワンクリックで手軽に買えるようになった一方で、家にはものが溢れています。クローゼットに入りきらない服、部屋の隅にはインターネットで買った本や郵送物が山積み。出かける前には「鍵はどこだっけ?」「今日使う書類がない」と探しものばかり。おまけに、片づけても片づけても、しばらくすると、また元どおり…。

時間や人間関係だって、「片づけられない」ことで起きる問題は山ほどあります。

いつも時間がない。SNSに気を取られ、どうでもいい人との付き合いばかりで、大切な人との時間がとれない。ついついスマホを眺めていたら、気づくと終わっている休日…。

ああ、あるある、と共感した人も多いのではないでしょうか。

ものも情報も、キャパシティをはるかに超えて飽和状態。たくさん持っているのに、満たされない。このような現代に生きる私たちに必須なのが、本書のテーマである「片づけ学」です。

片づけ学とは、単に家の整理整頓のノウハウを伝えるものではありません。**片づけの考え方**

KonMari's memo

家が片づくメリット ①ものを探す時間が短くなる、②掃除がしやすくなる、③防災上や衛生面でもプラスになる、など。

をあらゆる分野に活かし、よりよい人生を過ごすことを目的とした、新しい教養です。

「そうはいっても、片づけなんて、単なる家事の1つでしょう?」

もし、あなたがそんなふうに思っていたら、それはとてももったいないことです。片づけを学んで身につけることで、家の中だけはなく、これからの仕事も、人間関係も、スムーズに好転する…そんな効果が片づけにはあるのですから。

そもそも、**片づけとは「片をつける」こと**。家の片づけを例にとれば、そこにあるものは必ず自分の選択によって招かれたものです。それを残すかどうかも、過去の自分がどこかの時点で決めたことです。つまり、家の中にあるものは、自

片づけられないことでのストレス

分がしてきた決断の集大成といえます。

こうした過去の自分の選択と向き合い、未来にとって本当に必要なものを取捨選択すること、人生の棚卸しともいえる行為が、片づけなのです。

片づけのプロセスでは、残すものと手放すものを選んでいきます。その工程を繰り返していくと「自分の人生において大切にしたいこと」が明確になります。結果として、ものに対してだけではなく、人間関係や仕事、時間の使い方においても「自分を幸せにするもの」を選ぶ決断力が身につきます。

きっかけは「散らかっている部屋を片づけたい」だったとしても、片づけを通して、あなたの人生が心から望む方向へとがらりと変わっていくのです。

お気に入りのものに囲まれた、すっきり片づいた部屋で過ごす毎日。
やりがいを感じながら、迷いなく情熱を注げる、天職ともいえる仕事。
ずっとやりたかった趣味を始めたり、大切な人と過ごす時間を味わったり。

「片づけ学」を身につけた先にあるのは、そんな自分を大好きになれる人生です。

片づけ効果が波及するのは個人の人生だけではありません。
片づけが終わったあとには、1人1人の生活や消費行動が変化します。何を持つのか、何を買うのか、家でどのように暮らすのか。これまでの暮らし方を振り返って反省し、未来の自分にとっても心地よい、持続可能な生活を自然に目指すようになります。

　たとえば、無駄な消費をしなくなったり、長く使える質のよいものを選ぶようになったり。結果として、社会や地球環境の改善に貢献できるようになるのです。

片づけを通して、自分の人生はもちろん、世界や地球の未来にとっても、よりよい選択は何か、という広い視野を手に入れることができます。

　まずは、片づけへの理解を深めましょう。それから、住んでいる家を整えることから始め、キャリアのために仕事場やデータを、さらには時間や人間関係など、人生のあらゆるものを片づけていきます。

片づけ学を身につけると、あなたの人生がより軽やかに、自信溢れるものに変化します。

片づけをすることで得られるもの

自分がやりたい仕事は、
人と接する仕事！
デスクワークは
得意でもないし、
好きでもない

1. 判断力、決断力がつく
2. 自分が求めているものがわかる → もの、仕事、時間、人脈
3. 心から望む生き方へとシフトできる

日本の歴史から紐解く片づけの起源、収納具の進化

そもそも、なぜ人は片づけをするのでしょうか? ここでは、日本史における「もの」と「暮らし」に焦点をあて、片づけの歴史を紐解いてみましょう。

日本における片づけの起源は、今から約1万6000年前の縄文時代にあります。植物の栽培が始まり、それ以前の狩猟中心の季節ごとの移住生活から、定住生活へと、ライフスタイルが変わったころです。竪穴式住居に住み、食料の保存と収納には土器や倉（高床式建物）が使われ、不要になったものやごみの捨て場として、貝塚があったことが知られています。

定住が始まったことで、「ものを置くための定位置」という概念が生まれたこと。そして、集団生活での秩序を保つため、「決まった場所にものを納める」というルールが必要となったこと。これが、日本史上における片づけの始まりです。

弥生時代になると、稲作が発達したことで、貯蔵、収納の重要性が増していきます。蔓や草や樹皮などの素材を編んだ、収納具としての「かご」が作られ始めたのもこの頃です。

さらにこの時代には、集団にある変化が起こります。それは、身分の差です。稲作によって食料の余剰が生まれて備蓄ができるようになると、貧富の差が生じて身分の区別が起こるようになりました。その結果、権力を示すためのものの所有という概念が生まれたのです。

たとえば「箱」もその1つです。かごや土器に比べて箱は、技術的に難易度が高く、なかでもふた付きの箱である櫃《ひつ》は、当時、最高の宝物だと考えられていました。弥生時代の支配者層の人々が、儀礼用の衣服を入れるための櫃が残されています。

弥生時代の櫃は装飾もなくシンプルでしたが、そこから一気に進んで今から1200年ほど前の**平安時代になると、貴族の収納用品は俄然煌びやかになっていきます**。

代表的なものは、厨子棚《ずしだな》と呼ばれる棚です。書物や文房具、遊び道具、化粧品などの身の回り品を収納しつつ、室内装飾として飾られていた調度品です。黒漆塗りの仕上げが基本ですが、ときには朱色の漆塗りでパッと目を引くデザインのものがあったり、蒔絵で繊細な花柄が描かれていたり、キラキラ光る貝や金粉で装飾されていたり。平安時代は、美しいものを愛でる、という感性が一気に花開いた時代といえるでしょう。

一方、鎌倉時代に書かれた絵巻物『男衾三郎絵詞』（重要文化財、東京国立博物館所蔵）の中では、片づけの大切さを表していると思われるユニークなひと幕があります。

質素な衣類をまとう武士と、傍には柄を下にして立てかけられた日本刀。近くには弓が2本

KonMari's memo
男衾三郎絵詞（おぶすまさぶろうえことば）　鎌倉時代末期（13世紀後半から14世紀前半）、地方武士の生活を描いた絵巻物。

に甲冑が2つ。これは、**夜討ちの際にすぐ使えるよう、武器の定位置を決めて有事に備える武士らしい模範的なライフスタイル**を表していると考えられます。

ものの定位置を決めてすぐに動ける人、つまり片づいていてきちんとしている人、というイメージが、こんなに古くから表現されていたなんて、驚きです。


ところが、その武士も、権力をもつようになると、また様相は違っていきます。江戸時代に入り、世の中が平和になり戦いがなくなると、武士の仕事は政治になりました。

それに伴い変化したのが、刀の役割です。実戦で使用されなくなり、日本刀は武器というよりも武士の権威の象徴となっていきます。刃の輝きや柄の装飾などの美しさが追求され、美術品としての価

歴史から見る、収納具の例

ものが増えるとともに、
収納具も進化していく

抽斗(引き出し、江戸時代)

長持という長方形の木箱が抽斗の始まり。

その後、箪笥として一般に普及した。

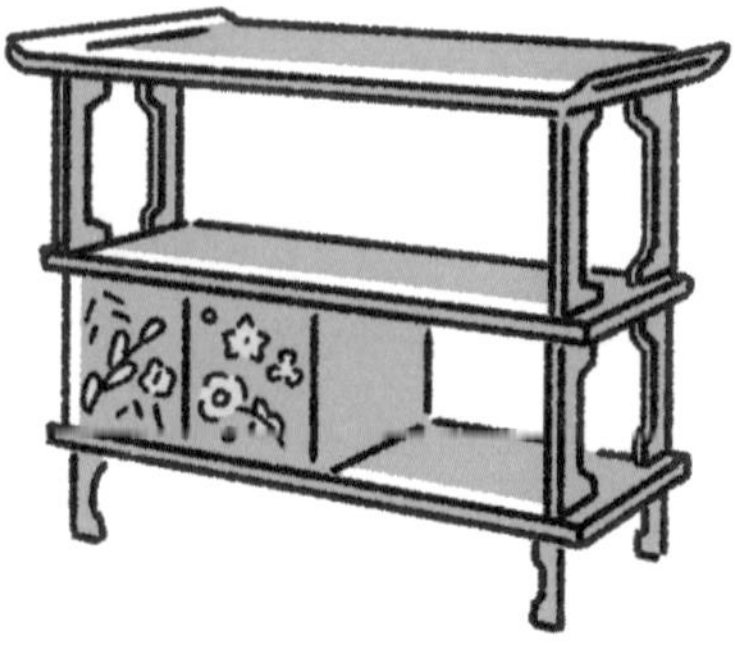

厨子棚(平安時代)

棚の一部に両開きの扉を持つもの入れ(厨子)が組み込まれている調度品。

値が重視されるようになります。床に直置きは厳禁。刀を跨ぐなど言語道断。日本刀は「武士の魂」「武士の分身」とされ、神聖視されました。

権力をもつと、ものによってその力を誇示するというのは、いつの時代も変わらない、人の根源的な性質のようです。

庶民の暮らしに目を向けると、**江戸時代は、道具の時代といわれるほどさまざまな収納具が生まれます**。それは、桐の衣装箪笥、部屋戸棚、針箱、重箱など。そのほか、昔話でおなじみのつづらや、本を収納する本箱、ごみ入れの屑箱なども、広く普及するようになりました。

収納革命ともいえるのは、抽斗《ひきだし》（引き出し）の普及です。つづらに比べて出し入れに便利で合理的。箱を縦に積み重ねたものなので場所をとりません。

引き出しのついた箪笥が普及した要因は2つあります。もともと箪笥は製作に高度な技術が必要なため高級品でしたが、のこぎりによる木材生産の技術革新が起こり、一般にも手が届くようになったこと。そして、庶民でも箪笥が必要となるほど、衣服が増えたことです。

江戸時代は人々の持ちものは増えたものの、一方で階層差も大きかったようです。家財目録を見ると、農家の最上層で衣類・寝具が230点、最下層で9点と、格段に違いがありました。

ものが多い方が豊かである、という考えが広く浸透し、この価値観は近代の私たちにも根強く受け継がれていきます。

KonMari's memo
家財目録『道具と暮らしの江戸時代』(小泉和子)より。家財道具に関する傾向を見るために32通の目録を整理したもの。

時代の移り変わりとともに片づけのトレンドは変わっていく

ものを持つことは豊かさの象徴、という考えが極まったのは、戦後、1950年代半ばから始まる高度経済成長期の頃です。当時、三種の神器と呼ばれた、白黒テレビ・洗濯機・冷蔵庫が家庭に普及。「これからどんどん豊かになっていくぞ」と日本中が盛り上がっていた時期です。人々は経済力を身につけ、購買力が上がり、大量生産・大量消費の時代が到来しました。

雑誌で季節ごとのトレンドファッションが発表されれば、衣料品が飛ぶように売れます。テレビ通販で最新の健康器具やダイエット商品が紹介されれば、大ヒット。1990年代後半には100円ショップが台頭します。2000年代以降にインターネットが普及すると、気軽にネットで買い物ができるようになります。さらに、ファストファッションの登場が、その状況に追い打ちをかけ、家の中のものは増えていく一方でした。

同時に、都市部への人口の集中が問題となります。都市で暮らす人々の多くが、狭い家の中に、ものが溢れているという状態になったのです。

「片づけられない」ことが多くの人の悩みとなり、**1990年代後半から片づけブームが巻き起こります**。まずは収納ブーム。カリスマ主婦と呼ばれる女性たちが登場し、突っ張り棒や

KonMari's memo

高度成長期の負の側面 急速な経済発展は、インフレによる物価高、薬害、公害など、社会にひずみをもたらすことに。

カラーボックスを使った隙間収納術など、あらゆるテクニックがメディアで紹介されるようになりました。

しかし、増え続けるものに対して収納だけでは片づけの問題解決に限界が生じるようになります。**2000年代から片づけのトレンドは「捨てる」こと、ものを減らすことに移りました。**

この時代のポイントは、不安からの解放、つまり癒やしです。増え続けるもの、多すぎる情報、バブル崩壊後の不安感。こうした現実に直面した人々は疲弊し、音楽やライフスタイルに癒やしを求めるようになります。すっきり片づいた空間で癒やされたいというニーズが生まれ、ものを手放すことで心のもやもやも手放そうといった提案がされました。片づけが精神的なものと結びつけられて語られるようになったのがこの頃です。

風水、ビジネス、スピリチュアルなど、あらゆる方面から片づけの重要性が説かれ、片づけ関連の本は次々とベストセラーとなりました。

私が2010年に出版した『人生がときめく片づけの魔法』の中で紹介したのは、持ちものに対して「ときめき」を感じるかどうかで、残すか手放すかを判断する片づけ法です。詳しくは、CHAPTER2以降で説明しますが、物理的な片づけ効果だけでなく、自分の生き方を見直す方法として多くの人に共感され、海外でも大きな反響を呼びました。

KonMari's memo
『人生がときめく片づけの魔法』日本だけではなく、世界40カ国以上で出版されている。累計1400万部以上のベストセラー。

片づけに少子高齢化の影響が現れたのは、2009年以降。終活ブームです。**自身の資産や持ちものを整理して見直す生前整理が注目されます。**残された家族や親族が、資産や遺品の相続、処分をスムーズに行うための片づけが推奨されるようになりました。

その後、日本経済が停滞していくにつれ、シェアリングエコノミーが徐々に広がります。何でも所有することから、シェアして必要なときだけ使う考え方が一般的になり、カーシェアリングやレンタルスペース、民泊、フリマアプリなどのサービスが普及していきました。**ミニマリスト、ノマドなど、ものを持たないライフスタイルも関心を集めるようになります。**

2020年からのコロナ禍も、片づけに大きな影響を及ぼしています。緊急事態宣言が出て外出自粛が続き、自宅でのリモートワークが可能になると、人々は家の片づけを始めました。持っているものの量や質、整理の仕方を見直すと同時に、働き方や時間の使い方について、多くの人が考え直しました。**コロナ禍は、結果的に、物理的にも精神的にも人々が片づけをする機会となったのです。**

このように、片づけの歴史は、人々の消費と経済、社会に密接に関係しています。**片づけについて考えることは、「何を持ち、どう生きるのか」という人間の生活行動の根源を捉え直すことにつながるのです。**

KonMari's memo
シェアリングエコノミー 「借りて使う」サービス。空間（民泊など）、もの、スキル、移動手段、お金の5つに分類される。

「片づけ」をテーマにした書籍

出版年	書籍名／出版社	著者	内容
1993	**「超」整理法** ／中央公論新社	野口悠紀雄	情報が溢れる現代社会で書類や資料を保存し検索するために、「時間軸検索」という新しい発想から画期的な整理法を提案。
2000	**「捨てる!」技術** ／宝島社	辰巳渚	本当に豊かな生活は「捨てる」ことから始まるのだと説き、ものを捨てるための考え方やテクニックを伝授。人々の思い込みを翻した1冊。
2009	**新・片づけ術「断捨離」** ／マガジンハウス	やましたひでこ	誰もが実践できる自己探求のメソッド。いらないものを持ち込まない、潔く捨て去る、手放して自由になる「断捨離」を提案。
2010	**人生がときめく片づけの魔法** ／サンマーク出版	近藤麻理恵	「いちど片づけたら2度と散らからない、こんまりメソッド」について書いた本。ときめくものを残す方法が示されている。
2012	**トヨタの片づけ** ／KADOKAWA	(株)OJTソリューションズ	日本最大手のメーカー、トヨタ自動車で大切にされてきた仕事場の片づけについて。5S=整理・整頓・清掃・清潔・しつけ で表す。
2015	**ぼくたちに、もうモノは必要ない。** ／ワニブックス	佐々木典士	持ちものを必要最小限にする「ミニマリスト」という生き方を前提に、片づけやものとの向き合い方、本当の豊かさを考える。

家庭でも学校でも教えられることがほぼないからこそ、自分で学びたい

片づけは、日常生活のなかで自然と身についていくものと、以前は考えられていました。ですから、子どもの頃、親から「片づけなさい！」といわれても、その方法を正しく教えられたという人は少ないのではないでしょうか。親自身も片づけについて学んでいないのですから、その方法を体系的に教えることはできなかったのです。子どもの頃の片づけは、親がしているところを見ながら、なんとなく真似してやっていた人が多いと思います。

「習うより慣れろ」で片づけが身につくのなら、長年、家事として片づけをしている人は、片づけられるようになるはずです。しかし、必ずしもそういうわけではありません。正しい片づけ法を学んでいないと、余計なものを持ちすぎたり、詰め込む収納を追求しすぎたりして苦労している場合が多いのが現実です。

家庭でも学校でも理論的、体系的には教えてもらわず、見様見真似でやるしかなく、誰も正しい方法を知らないのが片づけなのです。**ほとんどの人が自己流で片づけをしているため、うまくできないと片づけは苦手で嫌いなものだと思い込みがちです。**

そして、家や仕事場に多くのものが溢れる今の時代、従来の整理整頓だけでは対処しきれなくなりました。片づけは今や、代行サービスなどの職業を生み、さらに片づけを学ぶ場所までできています。

「慣れるものから、学ぶもの」へと、片づけは変化したのです。

日本は、世界のなかでも片づけに対する意識はトップクラスの国といわれています。しかし、学校では片づけについてほとんど習いません。

小学校の家庭科では現在、住生活をスムーズに行うための整理整頓が学習内容として示されています。しかし、教科書での説明は数ページ程度。ハンバーグなどを作る調理実習、ミシンを使った裁縫の実習に比べると、格段に習う時間が短いのです。しかも、中学校、高校の家庭科の教科書には、整理整頓の項目はありません。これでは、自発的に片づけができる人はなかなか育たないと思います。

一方、書店では、整理、収納や片づけをテーマにした本がたくさん並んでいます。女性誌では定期的に、片づけに関する特集が組まれています。インターネット上も含めると、さまざまな片づけの情報が溢れていますが、自分のものとして習得できる人は、やはり多くありません。

これからは、片づけの方法を正しく学ぶ時代です。片づけの本質を見て理解し、実践することで、いつまでも片づけられない地獄から抜け出しましょう。

KonMari's memo　小学校の家庭科　高学年向けのある教科書では、整理・整頓の必要性と手順、しまい方の工夫を4ページ掲載（令和2年度）。

本当に片づけたいところは部屋ではなく、自分の心の中にある

試験やプレゼンテーションの前夜など、切羽詰まった状態のときほど片づけがしたくなることはありませんか。

勉強をしなければいけないのに、机の上にバラバラと散らばった文房具が気になって仕方がない。ついには本棚の本を並べ替えたり、引き出しの中まで片づけ始めてしまったり…。

このように**無性に片づけがしたいときは、単に部屋を片づけたいわけではありません。心理的に片づけたい、別の何かがあるときです。**

本当は、勉強をしなければ、資料を作成しなければという焦りで心がざわざわしているのに、その心のざわざわを、片づけしないと…と脳内変換。問題のすり替えが起きている状態です。その証拠に片づけたい衝動が、試験やプレゼンテーションが終わったあとにも続いていることはまずありません。

この「試験前の片づけ衝動」がやっかいなのは、部屋を片づけても、本質的な問題解決にはならないことです。本来やるべきである勉強や資料作成をしないまま、中途半端な片づけによる一時のすっきり感で、ごまかされてしまうからです。そのため当然、成績が落ちたり、仕事

がうまくいかなかったりという結果になります。

試験やプレゼンテーションに限らず、何か問題があるごとに部屋を片づけることを繰り返していると、いつまでも本当にやるべき行動ができず、人生が前に進まない、という事態になり得るのです。

逆にいうと、人は心理的に向き合いたくないことがあるときほど、部屋を散らかしてしまう、ともいえるでしょう。**「部屋の乱れは心の乱れ」という言葉があります。部屋を散らかすという行為には、問題の本質から目をそむけさせるための、人間の防衛本能が働いているのかもしれません。**

「さっぱりしすぎた部屋だと、なんだか気持ちがそわそわして落ち着きません」という場合は、そのそわそわした気持ちに真剣に向き合ってみると、心の奥底で抱えている問題に気づくきっかけになるはずです。

片づけがすべて終わって身の回りが整うと、人は自然と自分の内面に向き合わざるを得なくなります。目をそらしていた問題に気づき、解決しなくてはならなくなります。片づけを終えたときから、人生のリセットが始まっているともいえるのです。

収納と片づけの違いを知って、作業の順番を明確にしよう

片づけで、よく使われる言葉に「整理」「整頓」「収納」の3つがあります。日常用語として意味がオーバーラップすることも多いのですが、本来の意味はそれぞれ違います。混同されることが多いので、それぞれの違いを見ておきましょう。

整理／必要なものと不必要なものを分けること
整頓／使いやすいよう、秩序だった状態に整えること
収納／ある場所に入れて、しまうこと

片づけといえば、花形はなんといっても収納です。ワイヤーラックや引き出しの中の仕切り、ファイルスタンドやラタンのかごなど、気に入った収納グッズにものがぴたりと収まった瞬間の快感はなかなかのものです。

100円ショップやホームセンターなどで売られている便利な収納グッズや、収納力がアップするアイテムは大人気です。雑誌では、読者のニーズに合わせ、おしゃれで美しい収納方法や最新のグッズを活かした収納などが特集されています。

しかし、ものをすべて収納場所に入れれば片づけは終了、というわけではありません。

ものを収納場所に入れると、ひとまずはすっきり見えます。しかしこれが落とし穴。**収納にだけ頼る片づけは、ものが増えるたびに、収納グッズも増やすことになるのです。**

結果、クリアケースが床に積まれ、本が収納されているカラーボックスがあちこちに置かれて…と、あっという間に部屋の中はものだらけ。隙間収納や吊るす収納など、収納にこだわってさまざまな工夫をしている人ほど、こうした状況に陥りがちです。

この場合に考えるべきことは2つです。

まず、中身について。収納グッズに収められたものが、本当にすべて必要かどうか、改めて確認してみると、収納したもののほとんどが、実はいらないことが多いのです。

また、どこに何を収納しているかを把握していることも重要です。必要なものがどこにあるのかわからない収納は、ただの押し込み作業になってしまいます。

使わないものを収納グッズに詰め込んでしまうことほど、もったいないことはありません。

ポイントは、**最初に整理を終わらせること。必要なものと不必要なものを分けて整理をしてから、整頓や収納をしていく**。この順番が重要です。

「整理整頓」という単語がありますが、「整頓整理」とはいいません。整頓よりも整理が先、という片づけの黄金ルールがこの単語に表れているのです。

KonMari's memo
収納の理想 どこに何があるのかすべて把握できていて、収納されているものすべてが必要なものかときめくものであること。

片づけと掃除の違いについても見ていきましょう。同じ意味として使われる場面も多い言葉ですが、まったく別物です。

掃除は、汚れを拭いたり床のごみを掃いたりして部屋をきれいにすること。片づけは、いらないものを処分し、いるものを分類して使いやすいように配置すること。それぞれ対象にしているものが違います。掃除の対象は「汚れ・ほこり」。片づけの対象は「もの」です。

ほこりは、自分の意思と関係なく溜まっていくもの。ほこりや汚れが溜まっていくのは自然の摂理です。だから、**掃除は、自然と向き合う行為**です。

一方で片づけは、自分が家に招き入れたもののなかから、必要なものを意思を持って選び、整えていくこと。常に自分

掃除と片づけの違いを知る

片づけ

対象は「もの」

整理して収納する

掃除

対象は「汚れやほこり」

取り除いてきれいに

の意図があり、思考をしながら進める作業です。**片づけは、自分と向き合う行為といえます。**

掃除といえば、お寺の修行としても有名です。ひたすら掃除に集中することで心を清め、悟りにつながるというのは、なんとなく理解できます。掃除は、手を動かせば無心になって進めることができるからです。しかし、片づけはものを残すか手放すかの判断をしたり、ものの定位置を決めたりと、どうしても思考力が必要になります。

脳の動かし方が違うので、明確に作業を分けることがポイントです。

たとえば大掃除のとき、多くの人は、片づけをしながら掃除をしています。目についた不要なものをとりあえず捨てて、ものを減らしたことで現れた床を拭き、大量の本を捨てて、空いた本棚を拭く…。それ自体は決して悪いことではありませんが、時間がかかりすぎて効率がよくありません。だからおすすめは、片づけを終わらせてから、掃除をすることです。

もしあなたが掃除は苦手と思っているとしたら、それはきっと、片づけができていないだけかもしれません。片づけをいちど徹底的に終わらせると、掃除のハードルはぐんと下がり、苦になならなくなります。

片づけをするときは、残すものと手放すものを整理し、その後に整頓と収納を考えます。掃除をスムーズに進めるなら、先に片づけを終わらせること。どちらもキーとなるのは順番です。

KonMari's memo
お寺の修行　有名なのが、比叡山延暦寺。「掃除地獄」といわれるほど僧の修行において掃除が重視されている。

日本人ならではの、陥りやすい片づけの落とし穴とは…

海外で片づけをするようになって気づいた、日本人ならではの片づけの特徴があります。

1つは、残すものと手放すものを選別する際に、欧米の人に比べて慎重な傾向にあること。ときめくかどうか、と問いかけたときに、欧米人は割と早い段階からさくさく判断ができることが多いです。一方、日本人の場合、初期はときめきの感覚に自信がもてず、数分熟考するケースも。回数を重ねるごとに、少しずつ判断のスピードが上がっていく…といった具合です。

こうした違いが生じる理由の1つとして考えられるのは、日本と海外の教育の違いです。アメリカでの子育てを経験して驚いたのは、先生たちが子どもたちに、ことあるごとに意見を求めること。「どう思う？」「どうしたいの？」としょっちゅう子どもに聞きます。その意見を否定したり、ジャッジしたりはしません。**子どもに自分の気持ちを言語化させることを重視している**からです。学校の授業でも、生徒たち同士でのディスカッションが盛んに行われます。

さらに、子どもに自分で選択させる、という場面がとても多いです。レストランではたいていキッズメニューがあり、子どもたちは自分で選びます。学校でも、ランチタイムはカフェテリアでビュッフェスタイル。服装も自由、もちろんランドセルもなし。「～してはいけない」

KonMari's memo

アメリカの学校教育　中学や高校では、ディベートなどの授業を通して、論理的に話す力と説得する技術を訓練している。

があまりなく、個人によって考えや選択が違うのは当然、という前提があります。

自分の感性で選ぶことに抵抗感がないので、ものの選別は比較的スムーズに進みます。逆に、何か納得いかないときは「どうしてそう考えるの？」とすかさず議論をするので、片づけが中断することもあります。**何事も率直でストレート。これがアメリカでの片づけの特徴です。**

日本の教育では、意見を言うより人の話を聞くことが重視されます。何事も先生や親が決めたとおりに従うことが当たり前だった私にとって、その点はカルチャーショックでした。


もう1点、**日本人特有の片づけの落とし穴は、他人からの目線を気にしてしまうところ**です。

たとえば、洋服の片づけのなかで「ときめいてはいるけれど、自分の年齢でこんな格好をするのはどうなのだろう」と躊躇したり、ものを手放すときも「思い出品を捨てるなんて薄情な人だと思われないかな」「贈ってくれた相手に失礼かな」と危惧したり。個人主義である欧米では、そのようなコメントはほとんどありません。

よくいえば、日本人らしい思慮深さや、和を重んじる心。悪くいえば、同調圧力への恐れ。つい自分のときめきを犠牲にする思考に陥りやすいので、その点は要注意です。


もしあなたが、こうした特徴にずばり当てはまっていても、落ち込む必要はありません。**片づけを進めるほど、判断力と決断力は磨かれていくからです。私はこれが好き、とスパッと決断する気持ちよさは、いちど経験すると病みつきになります。**片づけを終える頃には、自分の感性にぴたりと合った、あなたらしい選択ができるようになるはずです。

なぜ日本は、片づけに関して世界一の情報先進国になったのか

海外で仕事をするようになって、確信していることがあります。それは、**日本は片づけの情報において世界一の先進国だ**、ということです。

たとえば、書店。日本の書店では、片づけに関する本が置いてあるコーナーが必ずあります。大きな書店だと、棚が丸ごと1つ片づけ本で埋められていることも。ちなみに、『人生がときめく片づけの魔法』が出版された2010年に発行された片づけ関連の本は10冊以上。当時、世の中は「片づけブーム」と呼ばれていました。

2023年の1年間でも、片づけ・整理とタイトルについた本は10冊以上出版されています。ここ10年間でコンスタントに出版されている状況をみると、**「片づけ本」はもはやブームではなく、文化といってよいほどの定着ぶりです**。

一方、アメリカの書店には片づけ本の棚は存在しません。私の本がアメリカで出版されたとき、書店員からの声で、もっとも多かったのが「どの棚に置いたらいいのかわからない」という意見でした。

迷った末に置いてくれたのは、哲学、禅、建築、自己啓発のコーナーのいずれか。そのため、

片づけ=女性向けの実用書と見られることはなく、精神的なトピックとして扱われた結果、アメリカでは、いわゆるビジネス書を読む層から広がっていったのです。

書店の棚だけではなく、雑誌の中身も日本とアメリカでは違いがあります。日本では、雑誌によってはほぼ毎月といってもいいくらいに、頻繁に片づけの特集が組まれています。一方、アメリカのライフスタイル雑誌では、片づけのノウハウを教えるページは皆無。家の中を美しく整える、というテーマで出てくるのは、おしゃれな収納用品、家具やフラワーアレンジメントなどです。家の中のトピックといえばインテリアが中心で、収納術など片づけの実践的なノウハウの紹介記事はほとんど見当たりませんでした。

なぜ、アメリカでは片づけの本や雑誌があまり存在しなかったのでしょうか。その理由の1つとして考えられるのが、家事の外注文化です。アメリカでは、共働きの家庭で約61%が家事代行サービスを日常的に利用しているというデータ(39ページ参照)があります。特に、比較的本を多く読む層である、高収入の知識層の人たちの利用率が高いことを仮定すると、片づけの情報に対するニーズが少なかったことは想像に難くありません。

片づけを外注する国というと、香港やシンガポールなどもあります。たとえば香港では、ハウスクリーナー（主に掃除・片づけをする人）を雇うことは珍しくなく、共働きの家庭だけではなく、1人暮らしのビジネスパーソンでも利用することが多いのだそうです。

リンナイ「世界5カ国の「共働き」に関する意識調査」より(P39)

KonMari's memo

アメリカでの家事の外注の割合 家事代行サービスを「普段利用している」に加え、「利用経験がある」と答えた人は85%以上。

ハウスクリーナーに従事しているのは、主にフィリピンやインドネシア国籍の女性たち。利用している人に話を聞くと、仕事ぶりは徹底していて、いつの間にか家具の位置ががらりと変わっていたり、引き出しの中身がビシッと並び替えられていたり。日本人の私からすると「無断でそこまでしていいの？」と思ってしまうレベルで家を整えてくれることもあるようです。

海外では広く利用されている家事代行サービスですが、日本での普及率は5％ほど（39ページ参照）です。日本で家事代行サービスが使われにくい理由は、料金が高いこと、家に他人を入れることに抵抗を感じる傾向があること、家事を外注することに対する罪悪感です。

片づけはあくまでも家庭の問題で、外注するものではない…。そのような日本人特有の考え方に加え、高度経済成長に伴って所有するものが著しく増え、国土の小ささからくる家の狭さから、「ものが多すぎて整理できない」「どう収納したらいいかわからない」という悩みが発生。片づけのニーズが最大級に顕在化したところに、細かなことにこだわる職人気質ともいえる国民性が掛け合わさり、隙間を活かした収納術をはじめ、さまざまな片づけメソッドが生み出されていったのです。

日本の片づけが、世界有数のレベルにまで磨かれていったのは、こうした背景があります。私のメソッドに限りませんが、現代において日本発の片づけ法が世界中に求められ、活用されるようになったのは、時代の必然といえるのかもしれません。

マイボイスコム「家事代行サービスに関するアンケート調査（第2回）」より

KonMari's memo

家事代行サービス　家事支援サービスともいう。利用内容は「掃除代行、ハウスクリーニング」がいちばん多い。

家事代行サービスにおける日本の現状

2017年　世界5カ国での利用率の比較

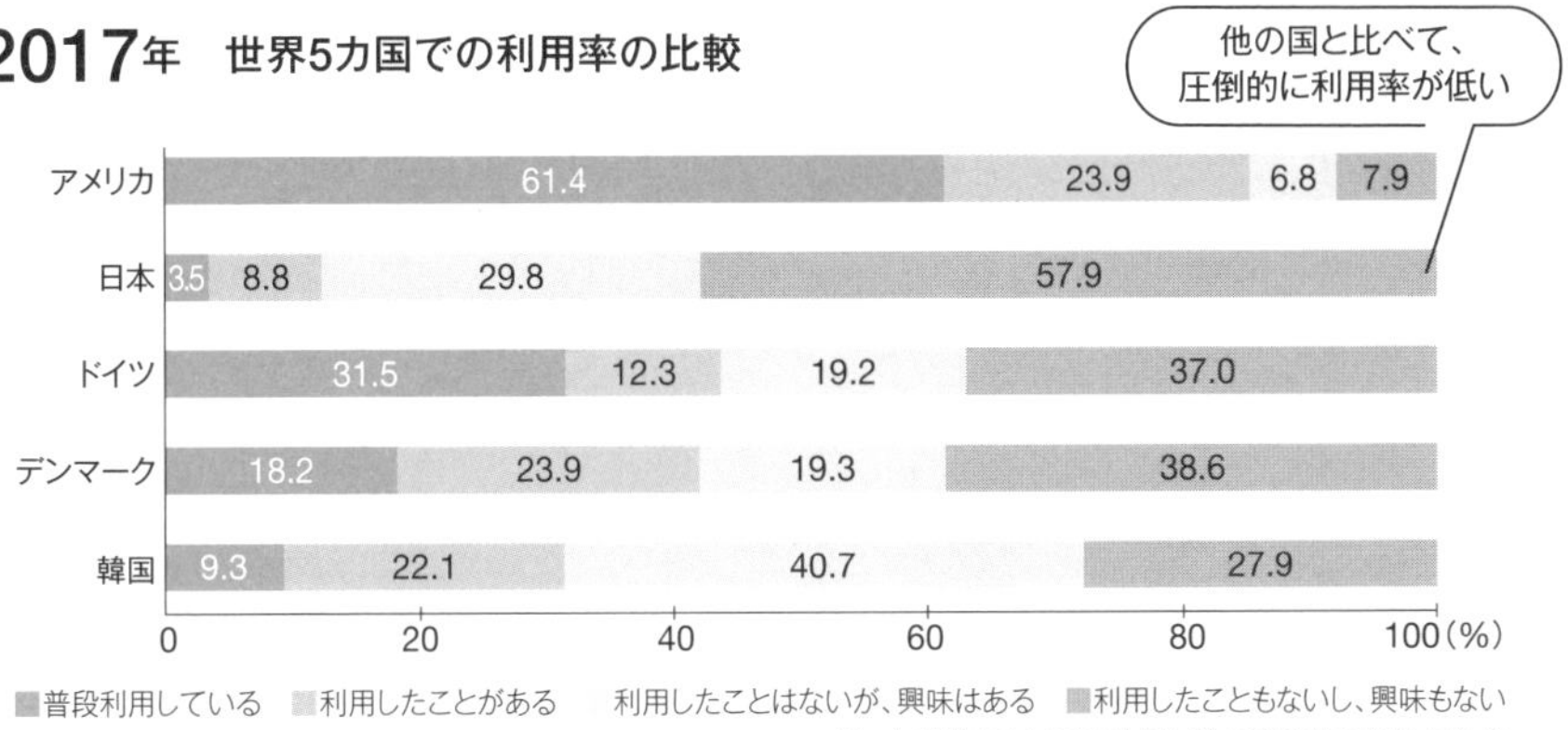
他の国と比べて、
圧倒的に利用率が低い
アメリカ 61.4 23.9 6.8 7.9
日本 3.5 8.8 29.8 57.9
ドイツ 31.5 12.3 19.2 37.0
デンマーク 18.2 23.9 19.3 38.6
韓国 9.3 22.1 40.7 27.9
0 20 40 60 80 100（%）
普段利用している　利用したことがある　利用したことはないが、興味はある　利用したこともないし、興味もない

（リンナイ「世界5カ国の「共働き」に関する意識調査」をもとに作成）

2021年　直近1年での利用の有無

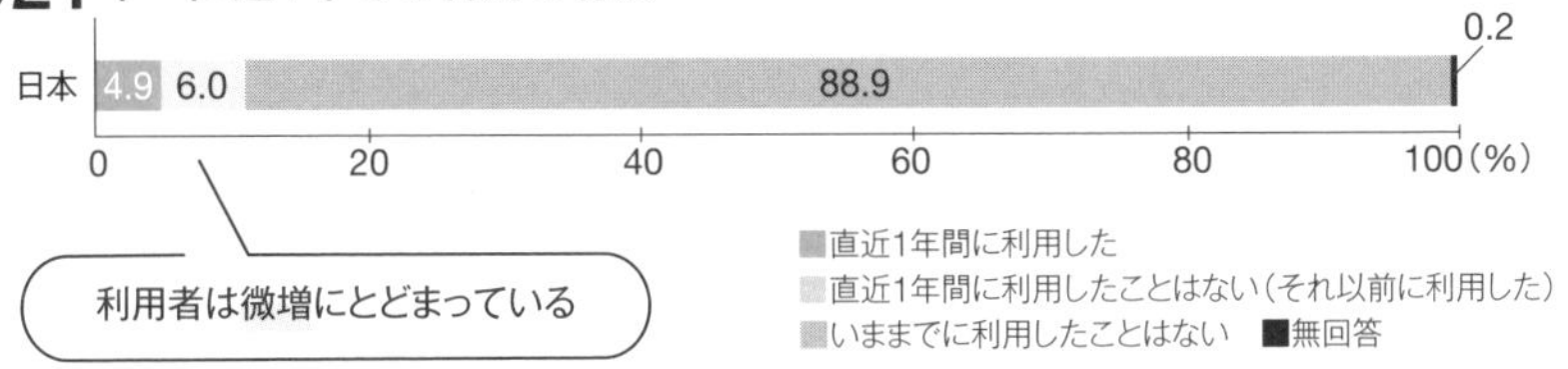
日本 4.9 6.0 88.9
0.2
0 20 40 60 80 100（%）
利用者は微増にとどまっている
直近1年間に利用した
直近1年間に利用したことはない（それ以前に利用した）
いままでに利用したことはない　無回答

（マイボイスコム「家事代行サービスに関するアンケート調査（第2回）」をもとに作成）

利用したくない人の声
知らない人を
家に入れたくない、
見られたくない
家事代行の前に
片づけなければならない
自分でやりたい。
利用料金が高い

家が広ければ片づけできる、は幻想。自分にとっての、ものの適正量を知る

「アメリカは日本に比べたら家が広いから、誰も片づけで悩んでいないのでは？」

本がアメリカで出版されるという知らせを受けたときに、私がまっ先に思ったことです。

しかし、アメリカで仕事を始めると、多くの人が片づけに悩んでいることがわかりました。

意外だったのは、都市部では、日本と同じように家が狭いことが問題になっていたこと。

特にニューヨークやサンフランシスコは家賃が高騰し、40平米のアパートで月3000ドル（約45万円）という物件が当たり前。独身であれば複数の人で1つの家をシェアするルームシェアも一般的です。「クローゼットが幅1メートルしかなくて服が収まりません」「キッチンの収納が足りなくて困っています」など、質問内容も日本人とほとんど変わりません。

もう1つ驚いたのは、たとえ家は広くても、片づけには大いに悩んでいるという事実です。

先ほど述べたような都市部以外の地域では、アメリカの家は日本に比べて間違いなく広いです。というより「広い」の定義が違います。

ロサンゼルス郊外で片づけのために訪れた家主さんから「狭い家で…」と聞いていたのが、実際には100平米の2階建てだったことがありました。

KonMari's memo ニューヨークなどの家賃 2024年4月時点の相場。1ドル＝150円で算出。

「この家が狭かったら、どんな家が広いんですか」という私の質問に「向かいの家は広いわね」と返されて見た家は、庭に高さ2メートルの噴水があり、バスルームが9個ある豪邸。一方で、本当の豪邸は、門から家の入り口まで車で1分かかり、庭にはバー付きのプールとコンサートができるステージがあったりして、もはやお城レベル。実家暮らし時代は5畳半の自分の部屋に大満足だった私とは、ずいぶん基準が違うと思ったものです。

話を戻すと、**一般的に広いとされているアメリカの家でも片づけに悩んでいました**。掃除を外注して、見えるところはさっぱりしていても、やはり、ものが多すぎるのです。

余分な1部屋分が、靴だけで埋まっていたことがありました。車4台が入る広すぎるガレージにクリスマスデコレーションがぎっしり詰まっていたこともありました。家が大きいと、選ぶ家具も家電も大きくなります。収納グッズも、食器類も大きくなります。アメリカではトイレットペーパーが30個パックで売られていたりして、まとめ買いの基準もダイナミックです。

私たちはつい「家がもっと大きかったら、片づけができるはずなのに」と思ってしまいがちです。しかし、家が広いから余裕をもって収納できるのではなく、スペースがあればあるだけ埋めたくなる、というのが人の習性なのかもしれません。

大事なのは、自分にとって心地よいものの適正量を知っておくこと。片づけによって、本当に必要なものだけを選ぶスキルを身につけていきましょう。

本質的な問題であることは共通。日本と海外の「片づけ」の違い

日本とアメリカの違いは、ものへの感謝の思いです。

日本には昔から「もったいない」という言葉があります。限りあるものを大切にして長く使うという考え方で、ものへの感謝を表しています。2004年に環境分野で初のノーベル平和賞を受賞したケニアのワンガリ・マータイさんは、2005年に来日した際に「もったいない（MOTTAINAI）」という言葉に出合い、深く感銘を受けました。彼女によって、この言葉は広く世界に紹介されています。

私はものを手放すときに、「『今までありがとう』とお礼をいいましょう」「ものがかわいそうだから、乱暴に扱わないでください」と伝えています。日本では誰もが納得しますが、アメリカでは「どうして?」と必ず聞き返されます。「今まで私たちの役に立ってくれたから、感謝して手放すことで、自分たちの心も穏やかになるんです」と説明すると、アメリカの人々もすんなり理解してくれました。

アメリカでは、「こんまりメソッドは、Zen（禅）のようだね」といわれることがあります。

ときめきを感じるときに、体や心の声に耳を傾けるという点が、禅の考え方に通じると解釈さ

KonMari's memo
ワンガリ・マータイ　ケニアの環境活動家。環境保護と民主化への功績により、アフリカ人女性初のノーベル平和賞を受賞。

れたようです。

近年、アップルやグーグルなどの世界的企業が、始業前の瞑想を推奨したり、マインドフルネスを取り入れて社員の心身の健康を維持したりという取り組みを積極的に行うようになりました。アメリカでも多くの人にこんまりメソッドが届いたのは、こうした社会の風潮が背景にあります。単なる片づけのテクニックではなく、**「ときめき」という感覚を使い、精神性や人生観につながっているメソッド**だと、現地の人が理解してくれたからだと思います。

アメリカでは、いまや「konmari」「kondoing」という言葉が「片づけをする」という意味の動詞として使われ、新聞の見出しなどにも普通に使われるようになりました。


こんまりメソッドでは、CHAPTER2以降で詳しく説明するとおり、たたむ収納をすすめています。アメリカ人は洋服を丁寧にたたむことに慣れていない人が多く、特別に新鮮なスキルとして受け止められました。

たとえば、アメリカでワークショップを開催してたたみ方をレクチャーすると、多くの人は勝手がわからず、おそるおそる指先で洋服をつまみながらたたむ傾向にあります。一方、日本では、正しいたたみ方を伝えれば、比較的多くの人がそのとおりにたためます。

この違いはどこからくるのか考えたときにピンときたのが、折り紙の文化です。日本人が当たり前のようにささっと作れる折り鶴をはじめとする折り紙の作品は、海外の人にとても驚かれます。日本では着物をきっちり四角くたたんで箪笥に収納する文化があったことから考えても、日本人はDNAレベルで「たたむ遺伝子」を備えている、といっても過言ではないでしょう。

KonMari's memo
アメリカでのこんまりメソッド 最初に経済紙などで取り上げられ、ネットフリックスの番組配信で一般の人にも広がった。

最近急速に片づけのニーズが高まっているのが、中国です。経済成長によってものが増え、都市化によって人口が集中し、家が狭くなる…という、かつての日本と同じような問題が顕在化しつつあります。かつて中国では、収納という概念があまりなく、購入したものは、棚の上にただ並べておくだけ、という状況だったそうです。今では富裕層を中心に片づけがブームとなり、2014年の中国の十大流行語に「断捨離」がランクインするほど。日本旅行のお土産として、収納グッズが人気だそうです。

海外での片づけの仕事で印象的だった国の1つは、ポーランドです。片づけの講演をしたときに、本を手放すことへの抵抗がもっとも強かった国でした。

ポーランドの場合、日本やアメリカ、イギリスなどに比べてポーランド語の本のマーケットはそれほど大きくありません、出版される本の点数が絞られるため、結果として買う本も厳選される、という背景があります。

なにより本に対する意識自体が、日本とは別物なのです。ポーランドのワルシャワ大学の教授いわく「ポーランド人にとって、本とは神聖なもの。本そのものはもとより、知恵というものに対する敬意が強い傾向にある」とのこと。ポーランドは第二次世界大戦での敗戦により、多数の本が焼けてしまった過去があります。本を手放すなんてありえない、という感覚だというのです。

KonMari's memo

konmari 片づけるの意で、konmari-ing、kondoingも同様。「I need to konmari my books.」というように使う。

ものを手放す抵抗感、その際に伴う感情は、その国の歴史や文化、アイデンティティーに密接に関係するものです。

このことを理解してから、私は片づけを伝える際、より慎重に表現するようになりました。「手放してもまた手に入りますよ」ではなく、「自分の大切なものは残しましょう」と、基本を丁寧に伝えることを意識しています。

ものに対する価値観は、国によって違います。**しかし、1つ共通しているのは「どの国の人も同じように片づけで悩んでいる」ということ。**

ものを持ち、家で暮らしている限り、片づけはすべての人に関わる普遍的な問題です。人種や国籍に関係なく、人が生きるうえで学ぶべき世界共通のテーマ、それが片づけなのです。

片づけの悩みは世代も国も越えて同じ

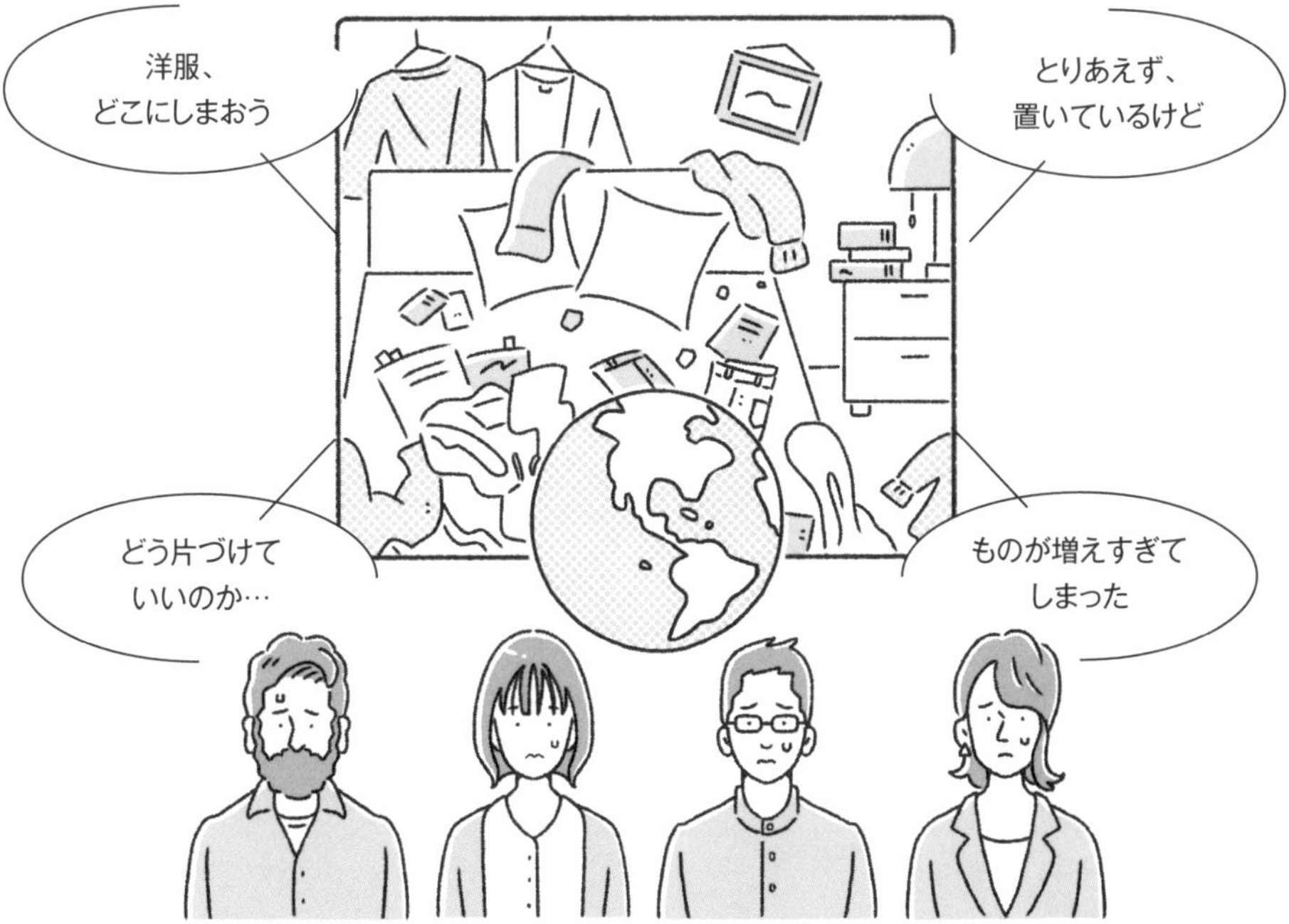
洋服、
どこにしまおう
とりあえず、
置いているけど
どう片づけて
いいのか…
ものが増えすぎて
しまった

CHAPTER 1

IKEGAMI'S EYE

池上は、こう読んだ

私も片づけられない人間。指摘の1つ1つが心に刺さります。そうか、「片をつける」ことなのか、という新たな発見がありました。片づけることを徹底させると、自分の生き方まで変わってくるのですね。身の回りをすっきりさせると、シンプルな生き方につながる。そう考えると、背筋をピンと伸ばして、片づけ学の講義を聞こうではありませんか。

新型コロナウイルスの流行によりステイホームが広がると、各家庭から大量のごみが出るようになりました。家に長時間いることによって、私たちの暮らしには、とても多量の不要なものがあることに多くの人が気づいたのですね。長時間いることになった家庭を心地よいものにしたい。そのための第一歩が、身の回りの片づけだったのです。さて、コロナ禍が過ぎた現在、あなたの家は、どうなっていますか。

片づけが終わると、人は自分の内面と向き合うことになる。なんと哲学的な表現であることか。それが自分の生き方を向上させることになる。その事実を知ると、片づけ方が学問になり、私たちの教養になることがわかるでしょう。人間誰しも「教養がある人だ」といわれたいもの。身の回りがすっきりして「教養ある人」と尊敬される。まさに一石二鳥です。

CHAPTER 2

こんまりメソッド、その考え方を知る

誰もが取り組める画期的な片づけ法

ときめきで選び、捨てることよりも残すことにフォーカスしたこんまりメソッド。
誰もが実践できる片づけ法の考え方を理解しておきましょう。

— TIDYING STUDIES —

多くの人が学んで、実践してきた「こんまりメソッド」とは…

私が提唱している片づけの方法は「こんまりメソッド」といいます。

いちど片づけたら元には戻らないことを目指して、独自に編み出した方法です。

従来の片づけとの違いは、次の3つです。

「捨てる」ことより「残す」ことにフォーカスしている。
自分の「ときめき」という感性を磨くことを重視している。
片づけを通じて、「自己変革を起こす」ことを目的にしている。

一般的に片づけというと、手放すことが重視されがちです。とにかくものを減らすために、「1年使わなかったものは手放す」「1つ買ったら1つ手放す」などの手放すルールが、世間ではたくさん提案されてきました。

しかし、他人が示した基準に従うだけの片づけでは、自分の心地よさの基準に合わないことが多いものです。片づけが長続きしないうえ、結局は元の状態に戻ってしまいます。

また、手放すものを探すことは、ものに対してマイナスの理由を探し続けることになるので、

KonMari's memo　片づけウェブマガジン「片づけの学校」。こんまりメソッドについて学べるサイト。https://tidying-up.jp

考え方がどんどんネガティブになっていきます。

こんまりメソッドの最大の特徴は、その判断基準にあります。

それは、**「ときめくものを選ぶ」**こと。身の回りにあるものから、いらないものを選ぶのではなく、自分が好きなもの、大切にしたいもの、持っていると幸せになるものを選びます。判断基準がポジティブになると、片づけが楽しいものに変化するのです。

自分が持っているものに対して、1つ1つ、ときめくかときめかないかの判断を繰り返すことで、徐々に自分のなかで価値観が明確になり、判断力が高まっていきます。これを私は「ときめき感度が上がる」と表現しています。「ときめくもの」とは、自分が持っていてワクワクする、楽しい、安心するなど肯定的な気持ちになるものです。

こんまりメソッドで片づけをすることで、ときめきの感性が磨かれ、ものを買うときも、新しいものの収納場所を決めるときも、自分の感性で判断することができるようになります。だから、いちど片づけたらリバウンドしません。

片づけの場面だけではなく、仕事や人間関係においても、「ときめくかときめかないか」で判断し、行動できるように変化していきます。すると、人生がときめく方向に好転していくのです。

KonMari's memo ときめきが基準の理由 ときめきは自分の感性。ときめくものを選べば、自分の心が本当に求める生活、生き方につながる。

「片づけはマインドが9割」です。手当たり次第にものを捨てたり、すべてのものが収まるような収納家具を買ったりしても、あなた自身が変わらなければ、うまく片づけられるようにはなりません。

こんまりメソッドは、物理的な整理収納ノウハウはもとより、片づけにおける正しいマインドを身につけ、片づけられる人に変わるための方法です。**片づけはゴールではなく、新たな自分のスタートともいえます。**

こんまりメソッドを学んだ大半の人は片づけ後に、ときめく人生を手に入れています。

一方で残念ながら、さまざまな理由で卒業には至らなかった人もいます。そのなかには、家事代行サービスを頼むのと

片づけが成功する、こんまり流考え方

片づけられないマインド

もったいなくて、捨てられない
本当に片づけられるの?
自分に、片づけは無理?
一時的にすっきり見えればOK
どうせ、片づけられない
誰か、片づけてくれないかなぁ

片づけが成功するマインド

絶対に片づけられる人になる!
ものときちんと向き合おう
最後まで片づけを楽しむ
ものを把握して、無駄買いをなくす
ときめく日常や人生を手に入れる
自分の力で片づける

同じ感覚で、片づけるマインドを身につけずに、誰かに片づけてもらう姿勢の人がいました。

片づけを進めるためのサポートを、プロに頼むことは大いに効果があります。しかし、もっとも大切な「残すものを選ぶ」判断は本人にしかできません。

もしあなたが、「誰かが片づけをしてくれたら楽なのに…」と思っているのであれば、片づけの定義を変えてみましょう。**片づけるとは、過去の自分の選択に向き合い、「片をつける」こと**。自分の人生そのものに対峙する作業なので、誰かが代行できるわけではないのです。

「片づけってなんだか大変そうだな」「自分にできるだろうか」と不安に思っていたとしても、大丈夫です。こんまりメソッドは、誰にでも実践できるよう、シンプルな手順で片づけを進めるために体系化されています。

片づけとは、楽しいもの、人生をときめくものに変えるもの、そして、誰にでもできるもの。片づけに対する従来のイメージをがらりと変えるこんまりメソッドを、ぜひあなたも、本書で体験してみてください。

メソッドの肝は「片づけ祭り」。人生でいちどだけ行えばOK

こんまりメソッドには、2種類の片づけがあります。それは、「片づけ祭り」と、片づけたあとに行う「日常の片づけ」です。

片づけ祭りで行うことは2つ。「残すものと手放すものを判断すること」、「残したものの定位置を決めること」です。日常の片づけは、「使ったものを定位置に戻す」という作業です。

こんまりメソッドの肝になるのが、片づけ祭りです。これは、自分が持っているものすべてに対して向き合う作業。持っているものは何千点、何万点もあるかもしれません。とてもハードルが高いと思うかもしれませんが、極端にいえば、片づけ祭りは人生で1回だけでいいのです。いちど片づけ祭りを終えたら、あとは使ったものを元に戻すことと、新しく手に入れたものの定位置を決めるだけで、日常の片づけが自然にできるようになっていきます。

片づけ祭りは、できるだけ短期間で一気に行うことがおすすめです。短期間で劇的な変化を体験することで、片づけに対するマインドが一気に変わります。私が片づけを「祭り」と呼ぶのは、スタートしたときの勢いを保ったまま、短期間で終わらせることが大事だと考えている

KonMari's memo

一気に変化を起こす理由　片づけに手間取るとなかなか効果を実感しにくい。そのため、効率よく一気に行う必要がある。

からです。

この場合の短期間というのは、目安は6カ月以内。意外と長いと思われたかもしれませんが、人生のなかでのたった半年だと思えば、短期間といえるでしょう。実際には、丸2日間で終わる人、週末の土・日曜を使って1カ月で終わる人、家が大きくものが多くて2年間かかった人などさまざまです。いずれにしても大事なのは、期限を区切ることです。

片づけ祭りをスムーズに進めるためのポイントの1つは、片づけに集中できる環境作りです。ものを見極める作業をするときは、音楽やラジオなどは一切かけないことが理想です。テレビのつけっぱなしも避けましょう。

片づけを始める時間帯は、早朝からがベスト。朝の爽やかな空気が、思考をクリアにしてくれます。朝は体も動くし判断力が冴えているから、選ぶスピードが速くなる傾向があります。

片づけを真剣にしていると、瞑想状態のような自分と静かに向き合う感覚になっていくことがあります。自分が持っているものに対して、1つ1つときめくかときめかないかを感じ取って判断していく作業は、ものを通して自分と対話していることになるのです。

片づけ祭りは、日常の延長線上にある整理整頓ではなく、自分の人生を丸ごと変える一大プロジェクト。大きな視野をもって片づけを進めることが、モチベーションをキープし続けるためのポイントです。

理想の暮らしを思い描く。片づけを始める前に、必ずしておきたいこと

片づけをする前に、大切なことがあります。

実際にものを動かして作業を始める前に、**片づけたあとの理想の暮らしを思い描いておきましょう**。自分はどんな部屋でどんな暮らしをしたいのか、できるだけ具体的にイメージします。

片づけに取り組む目的は、ひたすらものを減らして空間をすっきりさせることではなく、理想の暮らしを手に入れることです。このステップを経ずに片づけ始めると、なかなか進まなかったり、最後まで終わらせることができなかったりするだけでなく、リバウンドの確率が高くなってしまいます。そのため、これは省略できない大事なステップです。

あなたが住みたいと思う理想の家、理想の部屋はどんなものでしょうか。実際の家や部屋とかけ離れていても構いません。制限せずに自由に妄想を膨らませて、夢を思い描いてみてください。あくまでも理想なので、遠慮は無用です。

紙やノート、もしくはスマホやパソコン上に理想を挙げていきます。家全体の印象やインテリアのテイスト、部屋ごとのイメージ、どんな家具を置きたいかなどを、思いつくままに書いていきます。文章だけでもいいし、イメージに近い写真を探して貼ったり、イラストで描いた

KonMari's memo

理想を描くこと　理想を描くことによって得られる本物の高揚感が、片づけを後押ししてくれる。自分の心に正直に。

りしてもいいでしょう。どんな家や部屋なら、自分がワクワクするのかを考えてみます。

理想の部屋を思い描くことが難しい場合は、インターネット上のサイトやSNS、雑誌や書籍などでさまざまな部屋の写真を見て、理想の1枚を探しましょう。重要なのは、一気に、短期間で探すこと。「そのうち探そう」「眺めていたら理想の写真が出てくるかもしれない」と考えているうちに、理想の1枚を探していること自体を忘れてしまいがちだからです。

探し方のコツは、とにかくたくさんのインテリア写真を見比べること。好みの写真をピックアップしていくと、「全体的に白っぽい部屋が好き」「観葉植物がたくさんある空間が理想」など自分の好みの傾向がわかってきます。さらに理想と思える1枚の写真に出合ったら、ダウンロードして保存したり、アプリに登録したりしておくと、そのイメージをもち続けられます。画像はプリントアウトすれば、手帳に貼ったり、デスクに飾ったりすることができます。

私は、ときめく写真やイラストをとにかく集めてベタベタ貼っておく、ときめきスクラップブックを作っています。これを作りながら、「こんな家に住みたい」「こんな自分になりたい」と妄想するのが至福のひとときです。ときめきスクラップブックをあとから見返すと、実現していることが多くてびっくりします。「理想を可視化することで実現に近づく」ということはよくいわれますが、あながち迷信ではないかもしれません。

KonMari's memo
ときめきスクラップブック　住みたい家、憧れの人、いつか行きたい国、かわいいカフェなど、ときめく写真を収集。

空間の次に、理想の暮らしを思い描きます。片づいた理想の家や部屋で、自分はどう過ごしたいのかをイメージしましょう。具体的には、どんな1日を過ごしたいのかを考えてみます。**暮らしとは、日々の時間の使い方です。**家や部屋は変えられなくても、暮らしは今から変えることができます。**片づけの目的である理想の空間と暮らしを明確にすることは、片づけの第一歩として必要不可欠なことなのです。**

さらに、なぜ、そんな暮らしがしたいのかを、改めて考えてみてください。なぜ、ジョギングしたいのか？ なぜ、家族と一緒にご飯を食べたいのか？「なぜ？」を最低3回は自分に問いかけてみましょう。そこで、あなたは、**ものを持つことも手放すこともすべて、自分が幸せになるためにすることだと**気づくと思います。

理想の暮らしがイメージできたら、家の今の状態をチェックします。収納スペースと収納家具はどれくらいあるのか、それぞれの部屋にどのようなものが収められているか、です。

家の現状と全体像を把握することで、片づけ祭りの作業をスムーズに進めることができます。また、片づけにどれくらい時間がかかりそうかをイメージできるのと同時に、「片づけなければ！」と決意がより一層強固になる、というメリットもあるのです。

あまり時間をかけずとも、家のすべてをざっと目視するだけでもよいのですが、私のおすすめは写真を撮ることです。部屋全体や収納スペースごとに写真を撮っておくのもいいでしょう。

KonMari's memo

片づけ前の写真 片づけ終わったときとの比較のためにも、片づける前の部屋や収納場所の写真を撮っておくとよい。

あなたが思い描く理想の暮らしは…

インテリアと時間の使い方を考える

朝

6:00 起床、洗顔、着替え
6:15 公園をジョギング
6:45 シャワー
7:00 朝食の準備
7:30 朝食
8:00 食後の片づけ、軽く掃除、身支度
8:30 出勤

朝は効率よく
テンポよく！

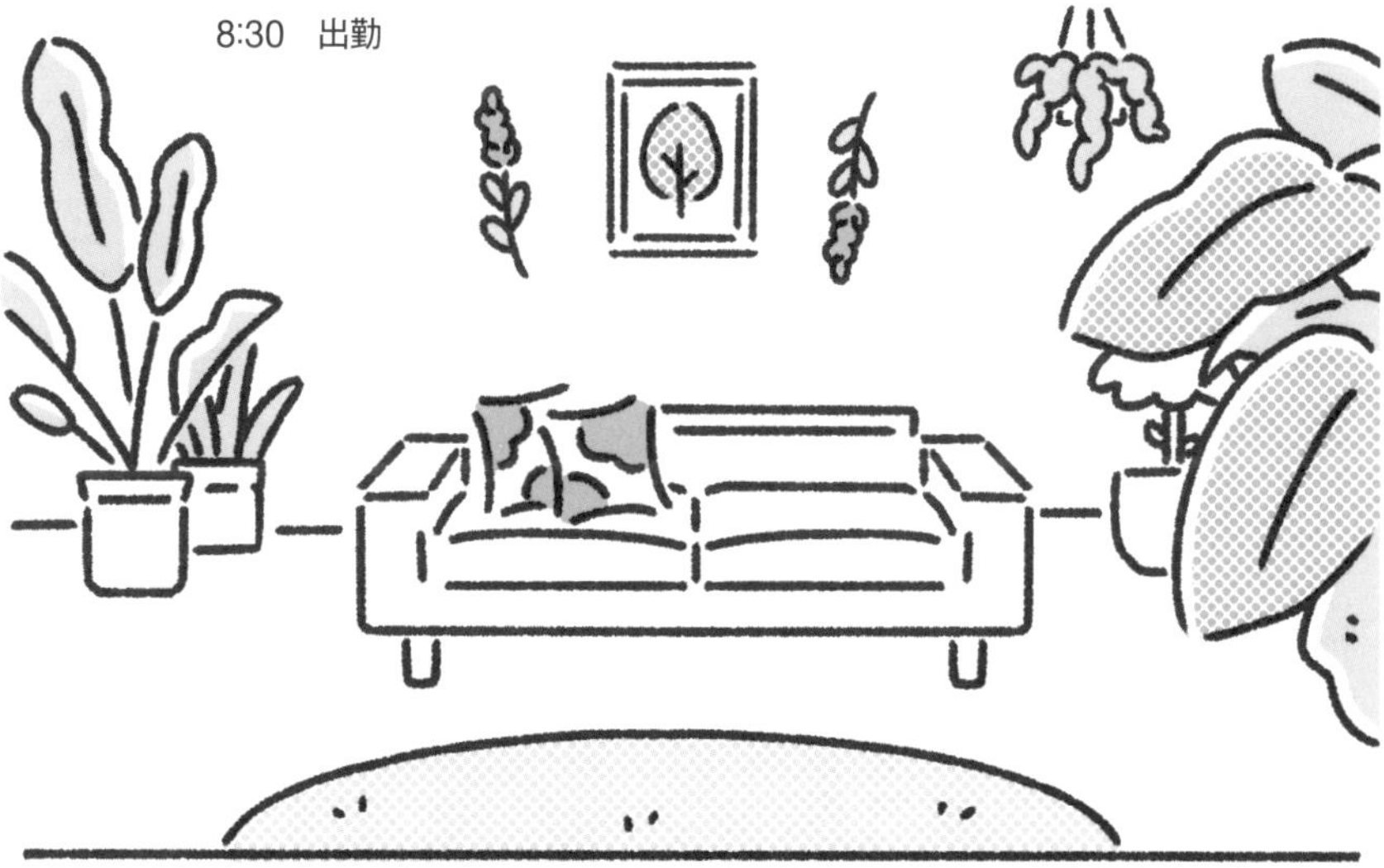

夜

19:30 帰宅、夕食の準備
20:00 夕食
21:00 家族との団らん
22:00 夕食の片づけ、明日の準備
22:30 テレビドラマ鑑賞
23:30 入浴
24:00 就寝

夜はまったり
ゆっくりしたい

より楽しく片づけを進めるための家や部屋とのコミュニケーション

こんまりメソッドの特徴の1つに、家やものとのコミュニケーションがあります。現実離れしていると感じるかもしれませんが、本来、片づけは、ものと人と家のバランスをとる行為です。片づけは、いつも自分を支えてくれる家や部屋への恩返しだと考えて、どうすれば家や部屋が喜ぶかという視点をもつと、片づけのヒントになる場面があるのです。

私がお客さまの家で片づけを始める前に必ずするのは、家への挨拶です。

具体的な方法は簡単で、2分ほどで終わります。家の中心あたりの床に正座をします。簡単な自己紹介のあと、「はじめまして。これから中を片づけていきますので、どうぞ応援してください」と心のなかで家に話しかけて一礼します。家の人は不思議そうに見ていますが、私にとっては大切な儀式です。

はじめに家とコミュニケーションをとっておくと、「ここの収納はどうしたらいいだろう?」と悩んでいるときにも、不思議とインスピレーションが湧きやすくなります。これをやるのとやらないのとでは、片づけが進むスピードが違ってくるのです。

海外での活動のなかでもっとも注目されたのも、この「片づけ前の家への挨拶のシーン」で

KonMari's memo

家への挨拶 片づける前に家に挨拶を行う習慣は、神社に参拝するときの作法をもとに、私が自然と行うようになったもの。

す。家やものに魂があるかのように接する様子が、特に欧米では「アニミズムや神道に通じる」と、神秘性をもって受け取られました。もちろん、私自身にそうした意図はまったくありませんでしたが、結果として「日本人らしさ」を海外にインパクトをもって伝えられた1つの要素となりました。

家への挨拶は必須ではありませんが、**片づけ前に瞑想のように心を整える時間をとることで、集中力が高まり、片づけの効率が上がる効果が期待できるかもしれません。**

家やものに敬意を払う、という点で私が意識しているもう1つのポイントは、服装です。私は片づけの作業をするとき、ジャージなどの作業着ではなく、ワンピースにジャケットという格好で行います。片づけは家を出て行くものたちの門出を祝うお祭りだと考えているので、失礼のない格好を自然と心がけるようになりました。

片づけをするときの服装に、もちろんルールはありません。けれど、**せっかくときめくものを選ぶための片づけをするのなら、動きやすさはありつつも、少しでも自分の気分が上がる服装をしてみるのもおすすめです。**

家への挨拶も、服装も、家やものと調和しながら、より楽しく片づけを進めるためのヒントとして取り入れてみてください。

カテゴリー別で取り組むのが効率がよい、最高の方法

家の中を片づけようと思ったら、リビングやキッチン、寝室など部屋別に取り組むか、クローゼットや机の引き出しなど収納場所ごとに片づけるか…どちらかの方法が一般的です。

しかし、こんまりメソッドでは、場所別の片づけはおすすめしていません。理由は、場所別に片づけをすると、カテゴリーごとのものの総量がわからないからです。衣類や本、書類、小物などは、家じゅうのいろいろなスペースに置いてあります。いちど片づけを終えたカテゴリーがあとからバラバラ出てくると、ものの比較ができず、二度手間になってしまうのです。

こんまりメソッドの基本は、「カテゴリー別」で片づけを進めること。つまり、洋服なら洋服、本なら本、というように、それぞれカテゴリーごとにいっぺんに片づけていきます。

具体的な片づけの段取りは、「出す」→「選ぶ」→「しまう」の3ステップ。洋服を片づけるときは、持っているすべての洋服を収納場所から出して1カ所に集めます。それから、残すものと手放すものを選んでいき、収納。これを、カテゴリーごとに繰り返します。

カテゴリー別で片づけをすることで、自分が持っているものの量を可視化することができます。「こんなにたくさんの量を持っていたのか…」と実感し、**ものの全体量を把握すると、そのなかから本当に残すべきものは何かが判断しやすくなる**のです。

KonMari's memo

ものの総量の把握　自分が何をどのくらいの量持っているのかがわかると、その後の買いすぎをも防ぐことができる。

ここで重要となってくるのが、カテゴリーごとの片づける順番です。

片づけでよくある失敗が、写真や手紙などの思い出品から手をつけてしまうこと。懐かしいと思い出に浸ってしまい、気がついたら日が暮れている…。あなたも、そんな経験はありませんか？

思い出品は、片づけをするなかでも最難関のカテゴリーです。最後に手をつけることをおすすめしています。

ものの見極めがしやすいものから片づけを始め、徐々に慣れていけるよう、**こんまりメソッドには下図のような、片づける順番があります。**この順番だと、残すか手放すかを判断する力が少しずつ磨かれていき、驚くほどスムーズに片づけを進めることができるのです。

判断力がつく、片づけの順番

残すか手放すか
決めやすいものからスタート
1. 衣類
2. 本類
3. 書類
4. 小物類
5. 思い出品
順番どおりに行うことがポイント！

ものを残すか手放すかを決める「ときめき」とはどんなものか

片づけでやってしまいがちな失敗の1つが、捨てることにフォーカスしすぎてしまうこと。ものを減らす作業はもちろん大切ですが、いつの間にか捨てること自体が目的になってしまう、という落とし穴があるのです。

私もかつては、片づけとはものを捨てることだと考えていた時期がありました。片づけにのめり込むあまり、ものを見るたびに捨てる理由を探すようになってしまったのです。

「ここが好きじゃない」「古くなってきた」など、もののネガティブな面ばかりが目につき、「まだ捨てられるものはないか」と邪魔者を探すようにものを見るようになりました。しだいに、家にいてもなんとなく息苦しさを感じるようになり、ついには片づけのストレスが高じて失神してしてしまったのです。

こうした経験から私がたどり着いたのが、「ときめくものを残す」という、こんまりメソッドの基本となる考え方です。**「どれを捨てる?」から「どれがときめく?」と問いかけを変えただけで、片づけがポジティブで楽しいものへと変化していきました。**

ちなみに**アメリカでは「ときめき」は「スパークジョイ(Spark joy)」と訳されています。**

KonMari's memo ときめきの仏語、中国語 l'étincelle du bonheur(レタンセル デュ ボヌール)、怦然心动(ポンランシンドン)で表現される。

ジョイ（喜び）がスパークするというのは、感覚的にもわかりやすい表現だと思います。

ここで、ときめくとはどんなことなのか、改めて考えてみましょう。ときめくことの捉え方は人それぞれです。持っていて幸せを感じるもの、自分にポジティブな影響を与えてくれるもの、ワクワクするもの、テンションが上がるもの、安心感があるもの、心が躍るもの、心に響くものなど。頭で理性的に考えるより、感覚を研ぎ澄まして、ときめきを感じてください。この作業を私は「ときめきチェック」と呼んでいます。

ときめきチェックの実践の仕方は、1つ1つのものを手に取って触ってみること。このときは両手で持って、ものと対話をするように触れることが鉄則です。触っても判断できないときは、胸に抱えてみる、よく見つめてみるなど、いろいろな方法でものと向き合ってみます。洋服などは身に着けて判断してもいいでしょう。

次に、ものを触ったときの自分の体の反応を感じてみてください。ときめくものを触ったとき、体はキュンとなります。全身の細胞が少しずつ上がるような感じです。ときめかないものを触ったときは、体がズンと重くなったように感じます。細胞が下がるようなイメージです。

ときめくかどうかを判断するのは、はじめは時間がかかります。洋服1着に、15分かかった人もいました。じっくり時間をかけて、自分のときめき感覚に向き合いましょう。片づけを進めて、徐々に自分のなかにときめきの判断基準ができてくると、残すか手放すかを決める速度が上がっていきます。

自分が何にときめくのか、ときめかないのかを知るコツは、ものを比べてみることです。片づけを始めたばかりの段階で、単体でときめくかどうかを判断するのが難しい場合は、ものとものを比べて、どちらがときめくかと考えていくといいでしょう。だんだん自分のときめき基準がはっきりしていきます。

ときめくかどうかを迷ったときは、同じカテゴリーのもののベスト3やベスト10を選んでみることも効果があります。選んでいくうちに、「これ以外はお役目終了かも」と、自分のときめきラインがはっきり見えてくるのは、おもしろい体験です。

ときめくものは残します。ときめかないものなら、自分のところに来た役目を果たしてくれたと考えて、感謝して手放します。

私は口に出して「ありがとうございました」といいますが、心のなかでいっても大丈夫です。そして、手放すための袋か箱にそっと入れましょう。もうときめかないからと、ものをごみ袋に投げ入れるなど、乱暴に扱ってはいけません。

「ときめかないものを手放したら、ほとんど何も残らないのでは…」と心配する人がいます。しかし実際に片づけをしてみると、数は少なくても、こんなに大切なものに囲まれていたんだ

KonMari's memo
残すものの数や量　ときめいて残すものは、多くても少なくてもよい。自分の基準で判断することが重要になる。

と再発見するケースがほとんどです。なにより、これまでときめくものを選ぶことが少なかったと気づけた人は、そのあと新しくものを買うときには、ときめくものだけを真剣に選ぶように変われるのです。

逆に「ときめくものが多すぎて…」という人も心配無用です。残したものの量が人と比べて多くても、それがあなたにとってのときめきの正解だということ。**自分が何にときめき、何にときめかないのかを突き詰めていくと、本当の「あなたらしさ」が浮き彫りになります。**

こんまりメソッドは、ミニマリストになるための方法ではありません。片づけの結果、ときめくものは堂々と残してください。

「ときめき」をいい換えてみると…

ときめき

‖

幸せや喜びを感じる。ワクワクする

ポジティブな影響を与えてくれる

理想を実現できるもの
夢中になるもの
自分が満たされるもの
心地よい気分になるもの
役に立ってくれるもの
嬉しくなるもの

暮らしのなかで役に立つことも「ときめき」の1つ

真冬用の防寒下着やハサミやドライバーなど、まったくときめかないけれど、持っていないと生活に困るものの扱いはどうしたらいいのでしょうか。

私は若い頃、こうした「実用的だけどときめかないもの」を思い切って手放して生活していたことがあります。

やってみてよかったことは、ものがなくてもなんとかなる、と学べたことです。欠けてしまった花瓶の代わりにお気に入りの布を巻いたペットボトルに花を飾ったり、デザインがつまらないと感じた金づちを手放したあとはフライパンで釘を打ってみたり。家の中に意外な代替品となるものを見つけて活用する楽しみを発見し、限られたものでどうにか工夫してみるサバイバル力が鍛えられました。

やってみて後悔したのは、不便だったことです。地味な防寒用下着を手放してあっという間に風邪をひいたり、ドライバー代わりに十字釘の頭部に定規を差し込んで回したらボッキリ折れたり、掃除機を手放してみたら掃除に時間がかかって白目をむいたり。完全なる若気の至りだったと、反省しています。

当時の私は、ときめくものとは、ドキドキワクワクさせてくれるもの、特別に素敵なもの、持っているとテンションが高くなるものだと捉えていました。しかし、生活に不便を感じるようになって痛感したのは、**「役に立つということも、立派なときめきの1つなんだ」**ということです。

こんな経験から今では、一見ときめかないものであっても、それがどんな役割で自分の役に立ってくれているかを考えるようになりました。

もし、片づけのなかで、**必要だから手放せないけれど、どうしても見るたびにときめかないというものがあったら、大げさなくらいに、そのものを褒めてみることをおすすめします。**

たとえば、「ドライバーって出番は少ないけれど、速くねじを回せるのは天才！」「地味なセーターだけど、どんなトップスにも合わせられる万能選手」というようにです。褒めると、実用一辺倒にしか思えなかったものが、自分の生活にしっかり役立ってくれていると実感できて、片づけたあとは、見るだけでときめきを感じられるようになります。

実用的なものにもときめきを見出し、ものに輝きを与えるのは私たちの感受性次第です。包丁やペン、ウェットティッシュや工具類など、日用品を使うたびに毎日のちょっとしたシーンでときめきを感じられる…。片づけって本当に素敵だと思いませんか。

ものに感謝し、ねぎらうことはよりよい日々の暮らしにつながる

アメリカでの片づけレッスンで不思議がられるのが、ものに感謝する、感謝して手放すというやり方です。**「私のところに来てくれてありがとう」「目的を果たしてくれてありがとう」と手放すものに感謝することは、こんまりメソッドの大切なポイントです。**

持っているものを手放すことには、罪悪感が伴います。たくさん使って役目が終わったとはっきり認識できるものなら、「これまで役に立ってくれてありがとう」と感謝して手放すことは比較的しやすいと思います。しかし、買ったけれど着なかった洋服、読まなかった本を手放すことはなかなか難しいものです。

そこで、**自分のところに来てくれた本当の役割を考えて、最後には感謝して手放すという精神的なプロセスが必要になります。**着なかった洋服には「私に似合わないタイプの洋服を教えてくれてありがとう」、読まなかった本には「買った瞬間のときめきをありがとう」というように、1つ1つと向き合ってみてください。

なんでこんなものを買ったのだろう、無駄でしかなかったと、ただごみ袋に投げ入れて捨て

てしまうと、また同じ間違いを繰り返します。ものに向き合い、失敗や後悔を学びに変え、感謝して手放すことで初めて、次に買い物をするときに深く考えられるようになるのです。

手元に残したものについては、使ったものをねぎらうことをおすすめします。家に帰ったら、着ていた服をハンガーに掛けながら「今日も暖かくしてくれてありがとう」と声をかけ、アクセサリーをはずしてしまうときは「きれいにしてくれてありがとう」、バッグをクローゼットにしまうときは「最高の仕事ができました。ありがとう」と、その日、自分を支えてくれたものたちをねぎらいます。はじめのうちは違和感や照れ臭さから形式的にやっていたとしても、続けているうちに心から感謝の気持ちが湧き出るように変化していきます。

ものに対して思いやりの気持ちをもって接することが習慣になると、扱いが丁寧になってものは長もちします。出しっぱなしになっていても定位置で休ませてあげようと、自然に片づけられるようになります。結果として、片づいた家がキープできるようになるのです。

ものは、いつでも私たちを支えようとしてくれています。それは、手放すものであっても、残すものであっても同じです。

だから、**どんなときもものに対して「ありがとう」と感謝の気持ちを向けることで、片づけがうまくいき、日々の心も穏やかになる…。そんなふうに、ものとよい関係を築けるようになることも、片づけの効果の1つです。**

ものを手放せないときは過去の自分を受け入れ、今の状況を見る

ときめくかときめかないかの判断より難しいのが、ときめかないものを手放すことです。直感では、ときめかないとはっきり答えが出ているのに、手放せないものがいちばん困ります。「このホームベーカリー、今年は使わなかったけれど、いつか使うかもしれない」など、頭で考えてしまうと、手放す決断がしにくくなってしまいます。

どうして、ものを手放すのは難しいのでしょうか。

実は、**人がものを手放せない原因は2つ**だけです。**それは、「過去に対する執着」と、「未来に対する不安」。これらにとらわれていると、今、自分には何が必要なのか、何があれば満たされるのかが見えなくなってしまうのです。**

ものと向き合って、「ときめかない。でも手放せない」と思ったら、その原因が過去に対する執着と、未来に対する不安のどちらに該当するか、考えてみてください。

すると、自分の、ものの持ち方のパターンに気づくことができます。「私は過去への執着が強い」「未来への不安の割合が多い」、もしくは、「過去も未来も、両方多い」など。興味深いのは、ものの持ち方は、生き方のクセとも共通しているということです。

KonMari's memo
手放せない結果　ものが多くて自分が何を求めているのかが見えていないと、さらに不必要なものを増やしてしまうことに。

未来に対する不安が強いと、たとえば職業選択の場面では、やりがいや成長より、大企業だから大丈夫、資格が取れるから安心という理由で、仕事を選んでしまいます。

過去に対する執着が強い人は、2年前に別れた恋人が忘れられないと、なかなか新しい恋愛に踏み出せない、という具合です。

自分に必要なものをはっきりさせるためには、今自分が持っているものと丁寧に向き合い、不要なものを手放していくプロセスが不可欠です。その過程では、過去の至らない自分を認めざるを得ない場面もあり、つらい部分もあるかもしれません。しかし、そのときの自分の感情を自身で受け入れて初めて、ものと自分との関係が消化できるのです。

自分が持っているものと向き合うタイミングは3とおり。それは、「今向き合う」「いつか向き合う」「最後まで向き合わない」です。

私が圧倒的におすすめしたいのは、今、向き合うこと。

ものを通して自分が抱えている過去に対する執着と、未来に対する不安に向き合うと、自分の価値観がクリアになって、その後の人生に迷いが少なくなるのです。選択したことに情熱を注げるようになれば、より早く自分の理想に近づくことが可能になります。つまり、ものと向き合い始めるのは早ければ早いほどよいということ。片づけを始めるなら、まさに今です。

ものを手放す経験を繰り返すことで判断力と決断力が育つ

片づけを始めると、あっという間にたくさんの手放すものたちが積み上がります。その量は、片づけをした本人も予想だにしないボリュームになることがほとんどです。

大量のものを減らせば、手放したあとで困ったという事態にもなりそうなものですが、実際にそのような声はほとんどありません。むしろ、あまりにも生活に支障がないので、**今までいかにいらないものに囲まれて暮らしていたかと実感するケースが多い**のです。

もちろん、片づけ後に「手放さなければよかった…」と後悔することは必ずあります。2度3度と経験することもあるでしょう。ものを手放していく限りは、避けて通れない経験です。

それでも、徹底的なピンチに陥るほど困ることがないのには、理由が2つあります。

第1に、**なくなって本当に問題になるものは手放さずに残している**こと。第2に、**片づけによってマインドが変わり、「ものがない」状態を、問題だとは捉えなくなる**ことです。

たとえば、捨ててしまった書類が必要になった場面を考えてみましょう。残した書類は1カ所に収納されていて数が少ないので、持っていないことがすぐに判明します。書類がないことがわかったら、知り合いに聞く、会社に問い合わせるなど、いくつかの行動を起こせば、目的

KonMari's memo
片づけレッスンで手放した数　私の片づけレッスンでこれまでお客さまが手放したものの数は、100万個以上。

の書類を入手できることが多いのです。

こうした経験を繰り返すと、行動すれば必要な情報を得られることが感覚として身につきます。ものがなくてもなんとかなるという確信が生まれ、持っているものが少なくても不安になることがなくなります。トラブルが起きたときも、過去の後悔よりも、今自分がやるべきことにフォーカスできるようになるのです。

前述したように、**こんまりメソッドのポイントは、自分の判断で残すものと手放すものを決めること。その過程によって鍛えられるのは、判断力と決断力、人としての胆力です。**自分の選択の責任は自分で取る、という当たり前だけれど人生において必須の感覚を、片づけを通して身につけることができるのです。

手放したものの量のある一例

＊45ℓサイズのごみ袋の数で比較すると…

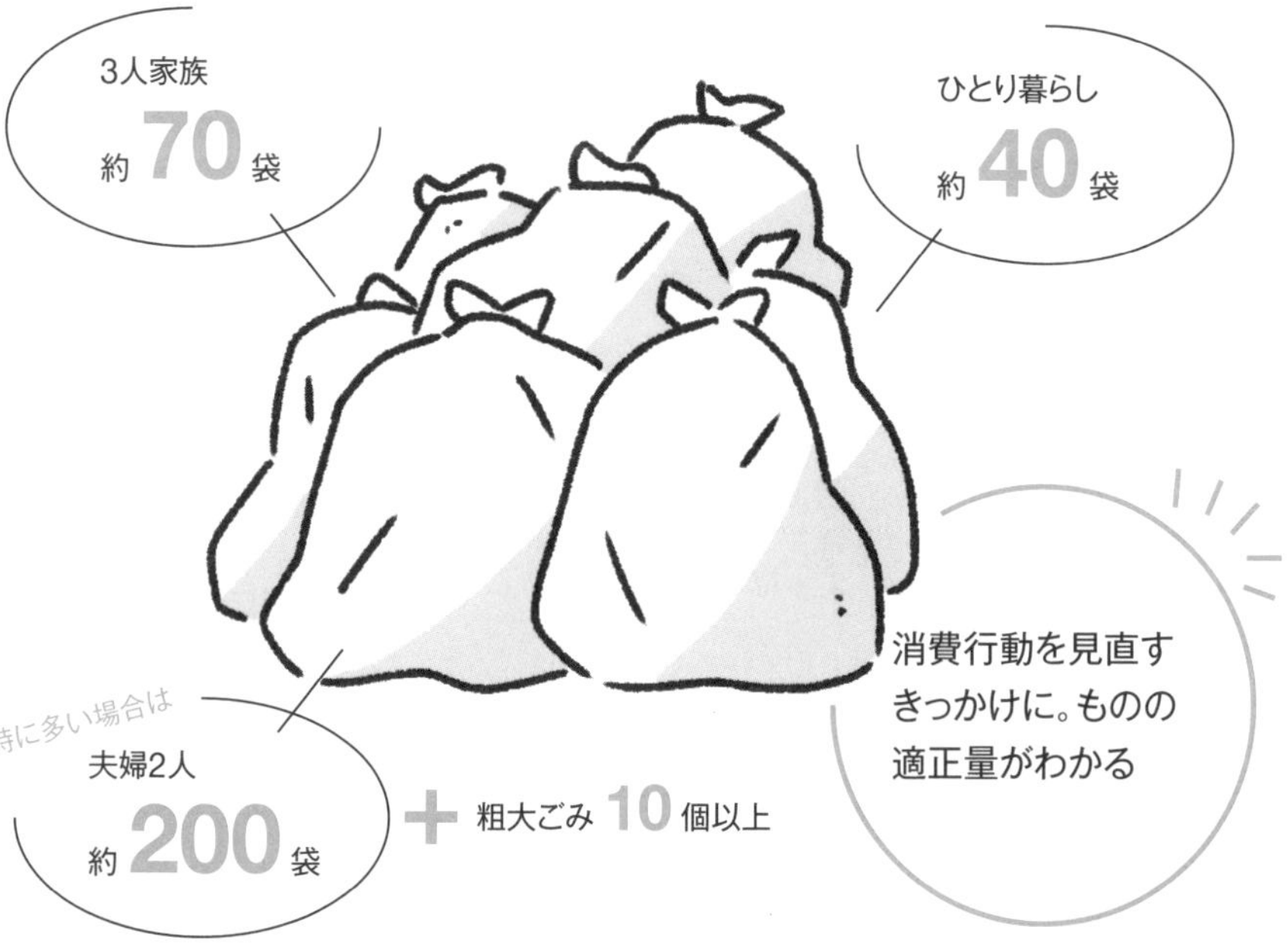
3人家族
約70袋
ひとり暮らし
約40袋
特に多い場合は
夫婦2人
約200袋
＋粗大ごみ10個以上
消費行動を見直すきっかけに。ものの適正量がわかる

「こんまりメソッド」の片づけはなぜリバウンドしないのか

一生懸命片づけても、あっという間に散らかって再びものが増えてくるという状態になるのが、世間では一般的です。一方で、こんまりメソッドは、いちど片づけたら2度と元には戻らない、画期的な片づけ法だといわれます。

リバウンドしないのは、その人自身の意識が、こんまりメソッドの片づけをしていくなかで丸ごと変わってしまうからです。

持っているもの1つ1つに対して、ときめくかときめかないかの判断を繰り返すこんまりメソッドは、自分にとってどういうものが必要なのかを教えてくれます。やがて、**ものだけではなく、仕事や人間関係などすべての事柄が、自分を幸せにする選択肢は何かという視点で考えられるようになるのです。**

「すごくシンプルな部屋で、ものを大切にしながら暮らしたい」「このテイストのインテリアが好き」「こういう暮らしをすると自分は幸せを感じる」など、自分の幸せ基準がクリアになっていく過程は、片づけを前向きな作業に変えてくれます。自分がやりたいという、自発的な気持ちが生まれます。自分が心地いいから片づけをしている、と思えるようになるのです。

KonMari's memo　片づけが挫折しそうなとき　部屋や収納場所の写真を撮ることがおすすめ。客観的な目で見て、モチベーションを高めよう。

そして、目についた不要なものを捨てていくのではなく、ときめくものという基準ですべてを選びきると、部屋の状態が劇的に変わります。そのため、散らかった部屋には決して住みたくないという感情が起こり、きれいな状態が続くのです。

ここで大事なことは、片づけ効果で意識が変革するほどのショックを体感するために、ときめくものを残して、すべてのものの定位置を決めるまでを短い期間で行うことです。

片づけが終わっても、忙しい時期には一時的に散らかってしまうことがあるでしょう。しかし、**リバウンドするのと、散らかっているのとは違います**。

リバウンドは、いちどすべてを片づけたはずなのに、定位置が決まらないものが家の中に溢れるようになること。散らかっている状態は、定位置が決まっているものをまだ戻していないため、ものが出ていることです。この場合は、時間ができたら、ものを定位置に戻せばいいだけなので、問題ありません。

定位置があれば、片づけ後のイメージはできています。片づけをする前のぐちゃぐちゃな状態は、自分にとって心地よくなかったと実感しているので、自然と元に戻すことができます。

つまり、**こんまりメソッドでは、片づけへの姿勢だけでなく、暮らし方、ものの持ち方に対する意識までが、今までの自分とはまったく変わるので、リバウンドしなくなるのです**。

「適正量のカチッとポイント」を知って必要以上にものを持たずに暮らす

予備として、つい買いすぎてしまうもの、あなたの家にもありませんか。たとえば、家族用の歯ブラシ、キッチンで使うラップ、愛用してる靴下やシンプルな下着、などです。

私のお客さまのなかでも、トイレットペーパーを納戸から溢れるほど持っていたり、家族5人で2万本の綿棒を常備していたり。驚くほどの量のストックを持っていたケースは珍しくありません。しかし、本人はストックに対してはほぼ無意識で、片づけをして初めて自分がどのくらいの量を溜めていたのかに気づくことがほとんどです。

非常用としてある程度の買い置きがあるのは自然なことです。しかし、**住んでいるスペースを圧迫するほどの過剰な量を持っていたら、ストックについて見直すべきタイミングです。**

まずは、ストック品を数えてみましょう。数を把握するだけでも、こんなにいらないかもしれないと冷静になれます。次に、それぞれについて、いくつ持っていると自分は安心できるのか、ということを考えてみます。

持ちすぎている分のストックは、劣化したものは処分し、使えるものは使い切るのが基本。

KonMari's memo

理想のストック数の決め方 自分なりの必要数を出すほか、「この棚の1段分」とストック分の収納スペースを限定するのも手。

ストックを収納するときのコツは、引き出しや収納ボックスの中に立てられるものは立てて並べ、同じカテゴリーのものは分散させずに1カ所にまとめること。ストック数を常に把握できる状態にしておくのがポイントです。

片づけをして残すものを厳選していくと、あるとき、**自分にとって心地よい持ちものの量に気づく瞬間が訪れます。私はこれを「適正量のカチッとポイント」と呼んでいます。**ときめくものだけを選んでいった結果、自分はこれだけのものを持っていれば、幸せに暮らせるということが感覚的にわかる瞬間がくるのです。このカチッとポイントを1回実感すると、その後はものが増えなくなります。これも、リバウンドしない秘訣の1つです。

適正量は、人によって違います。バッグが大好きで100個以上コレクションしていますという人もいれば、とにかく本があれば幸せという人もいます。

片づけを進めていくと、生活のなかで自分が何を重視しているのか、その価値観がはっきり見えてきます。自分にとって心地よい適正量がクリアになり、自分の生き方に自信がもてるようになります。ものを持つことの罪悪感も、ものを持たないことの不安も消えていくのです。

食品に関しては近年、「**ローリングストック法**」が話題です。これは、日常の食品を少し多めに購入し、食べたらその分を買い足して循環させること。賞味期限切れで無駄にすることを防ぎ、また一定量の食品が家庭に備蓄されているため、災害時にも備えることができます。

KonMari's memo ストックの手放し方 過剰にあるストック品は、人に譲る、寄付をする、リユースショップに売るなどするとよい。

家族のものの片づけはNG。ときめきは本人でないとわからない

「私が片づけても家族が散らかすんです」「夫（妻）のものが多くて、すっきりしません」

片づけにおける悩みごとのナンバーワンは、家族との関係です。片づけが進むにつれて、すっきりしていく自分の部屋と家族の部屋の差についイライラしたり、家族の持ちものと、そのスペースが気になってしまったりすることは少なくありません。

片づけを穏やかな気持ちで進めるために、いくつかのポイントを押さえておきましょう。**基本となるのは、お互いのことを尊重して、自分のものは自分で片づけるというスタンスです。**

注意したいのは、**家族のものを勝手に処分してはいけない**、ということです。自分から見たらときめかないものでも、相手にとっては宝物かもしれません。家族との信頼関係を壊さないためにも、相手のものに手を出さないというルールは、ぜひ心に留めておきましょう。

どうしても片づけられない家族にイライラしたら、まっ先にやるべきことは、自分の片づけに集中すること。手放すべきものはないか、クローゼットの収納がぐちゃぐちゃになっていないか、くまなくチェックをしてみてください。

家族の片づけられないところを指摘したくなるのは、自分の片づけがおろそかになっている

KonMari's memo
家族との関わりで注意したいこと　捨てるものは家族には見せない。自分にとって不要なものを押し付けたりはしない。

サイン。自分の部屋が雑然としている、仕事でやるべきことを先延ばしにしていたなど、片づいていない何かが残っているときなのです。

片づけを終わらせて、自分のスペースに満足できる状態になると、さまざまな変化が起こります。家族が多少散らかしていても気にならなくなったり、勝手に家族のものを捨てたい気持ちがなくなったりします。

さらに大きな変化は、あなたの片づけにつられて、そのうち家族も自分からものを手放し始めること。不思議なのですが、片づけたい気持ちは、自然と連鎖反応を起こすのです。

片づけは押し付けようとすると、相手に拒絶されてしまいます。ここは、イソップ寓話の『北風と太陽』の太陽になって、自分が機嫌よく、家を明るく照らすのがおすすめです。

自分の洋服の片づけがすべて終わった段階まできたら、パートナーや家族の洋服の片づけを手伝ってもいいでしょう。ただし、残す洋服選びだけは、本人に任せます。洋服をクローゼットから出して1カ所に集めたり、手放すものを運んだりなど、体力仕事を積極的にサポートすることで、片づけをスムーズに進めることができます。

ものを手放すことに積極的ではない家族には、洋服のたたみ方を伝えて、引き出しの中で立てる収納にするだけでも見た目がすっきりします。それによって、家族のやる気がアップしたら、片づけに取り組み始める効果が期待できます。

KonMari's memo
片づけを始めた家族への対応 基本は黙って見守るスタンス。「私はこんなに片づけたのよ」などの言葉で干渉しないこと。

幼少時から小学生ごろまでの子どもへ伝えたい片づけ

「子どもが散らかしてばかり。片づけを教えるにはどうしたらいいでしょうか」

子どもの片づけについて、悩みをもつ方は多くいます。子どもが成長するにつれて持ちものは増えていき、片づいた家をキープするのはなかなか難しいことです。

子どもに片づけを教える最重要ポイントは、親自身が自分の片づけができていること。

耳が痛い人もいるかもしれませんが、そこを飛び越えて子どもを叱っても、「お父さん（お母さん）もできてないよね」と、あまり本気では聞いてくれません。子どもは大人をよく見ています。子どもに片づけを教えたいのであれば、まずは親がときめくものを選び、定位置に戻すという片づけの基礎を身につけていることが鍵となります。

もちろん、いつでもビシッと片づけが完璧にできる親になる必要はありません（それは私でも難しいことです）。少なくとも、片づけを終えて快適にときめいて過ごしている姿を見せることは、子どもにとっても最高の片づけ教育になるはずです。

そのうえで、子どもに片づけを通して教えたいことは3つあります。

「自分でものを選ぶ力」「使ったものを戻す習慣」「ものを大切にする心」です。

KonMari's memo

赤ちゃん時期の片づけ　子どもが自分でものを選べる年齢になるまでは、もちろん親が管理し片づけを担当する。

自分でものを選ぶ力

これは、ときめきチェックです。子どもが3～5歳くらいになって、だんだん自分のものであるという感覚が出てきたら、自分で残すものと手放すものを選ばせるようにしましょう。

こんまりメソッドのとおり、同じカテゴリーのものをいちど全部集めてみて、「残したいものだけ選ぼうね」と声がけをします。つい「これはいらないよね？」「え、それ捨てるの？」と口を出しそうになるのは、ぐっとこらえてください。できるだけ**本人が決めることで、自分にとって必要なものを選ぶという感覚を少しずつ身につけることができます**。

使ったものを戻す習慣

子どものもののなかで、いちばんに思いつくのはおもちゃの片づけかもしれません。

おもちゃは、知育系・音が出る系・ぬいぐるみ系・車系などさまざまな種類があります。こだわってアイテム別に分けて収納したつもりでも、子どもが遊ぶうちにいつの間にか分け方が曖昧になり、あっという間にぐちゃぐちゃになります。これは我が家でもまさに起こっていることですが、おもちゃの収納を毎回完璧に仕分けることは難易度が高いことです。

子どもの片づけ習慣をつけるうえで大事なのは、戻しやすさです。

戻す場所がシンプルでわかりやすいこと。片づけるまでのステップが最小限であること。おもちゃであれば、細かい種類で分けすぎず、このボックスに入れるくらいにざっくりと決めた方が親としても気が楽です。収納は、ふたのないオープンな箱に入れるスタイルが、簡単でお

KonMari's memo

子どものおもちゃ　ブロック、ままごとセットなどざっくり分けて、かごや箱などに入れるだけだと子どもでも片づけやすい。

すすめです。

ものを大切にする心

圧倒的におすすめしたいのが、洋服のたたみ方を教えることです。

洋服をたたむことは、自分が持っているものを慈しむことです。たたむときは、洋服を広げ、手のひらを使って愛情を伝えるイメージでしわを伸ばします。指先だけでたたむのはNG。手のひらできちんと1回なでてあげると洋服にエネルギーが伝わって、生地はピンとし、たたんだ洋服が崩れにくくなります。「いつも守ってくれてありがとう」「暖かくしてくれてありがとう」と気持ちを込めてたたむのだと、子どもに伝えてください。

洋服のたたみ方を教えることで、「片づけとは、ものに感謝を伝えること」「収納は、ものを休ませるため」だと、子どもが理解していきます。これは、片づけは面倒くさいけれど、怒られたくないから渋々向き合うのとはまったく違う影響を、子どもに与えます。

そして、**洋服のたたみ方から片づけの基礎を理解すると、ものを大切にする気持ちが自然に芽生え、元の場所（定位置）に戻すことがより意識的にできるようになります。**

片づけによって、子どもの情操的な面が養われるのです。

そうはいいつつ、子どもの片づけについては、現実は簡単にいかない…というケースがいく

KonMari's memo
子どもが片づけやすいもの 洋服はカテゴリー分けがはっきりしているので、比較的子どもが片づけやすいものといえる。

らでもあることは、私も身に沁みて理解しています。

　子どもによって片づけの大事さが理解できる年齢やタイミングは違いますし、言葉で伝えてもどうしてもうまくいかないことが多々あります。私自身も、子どもを３人育てるようになり、そのあたりの期待値はぐっと下がりました。

　親として基本的なことは伝えながらも、うまくいかなくても過剰に焦る必要はありません。

　まずは、親自身が自分の片づけを日々楽しむこと。**片づけが完璧にできなくても、子どもが健やかに育つことがいちばん。「片づけできるようになったらラッキー」くらいの気軽さで、おおらかに子どもを見守っていきましょう。**

片づけの概念を伝える3つのポイント

Point 1
ときめきチェックを重ね、
ものを選ぶ力をつける
Point 2
収納はシンプルにして、
ものを戻す習慣をつける
Point 3
洋服のたたみ方を教えて、
ものを大切にする心を育てる

10～20代、30～50代。そのときどきの人生における片づけのタイミング

10～20代のうちに自分の持ちものと向き合って、こんまりメソッドの片づけを実践することは、とてもおすすめです。人生の早い時期に自分にとって何が必要で、何を大切にしたいのかという価値観について考える機会をもつと、進路を決めるときにも就職活動をするときにも、自分の心が求めるものを見つけやすくなるからです。新しい選択肢が出てきたときも、どの道を選ぶのが、自分にとってときめくかと自然と考えられるようになります。これは、**自分の人生をときめく方向に舵を切るための指針になる**でしょう。

こんまりメソッドの片づけを早い時期に行うと、今まで自分が選択してきたものを振り返りながら、未来を設計できるのです。

30～50代と人生が進んでいくと、仕事や子育て、介護などさまざまな理由で片づけに向き合えなくなる時期が出てきます。そのときも、自分が何を大切にしたいのか、何にときめくのかが明確になっていると、迷いがあってもその都度、置かれた環境との調整をしながら納得がいく選択をすることができます。

私は仕事をしながら3人の子育てをしています。3人めが生まれたあとに、あまりにもやる

KonMari's memo
10～20代で片づけるメリット 過去への執着が比較的少なく、持ちものの量が多くないため取り組みやすい。

ことが多すぎて、今までのような片づけができなくなった時期の発言から、「こんまりが片づけを諦めた！」と記事になったことがありました。子育て期にはものが増え、子どもの世話もあり、自分ではコントロールできないことが増えます。当然、使える時間も限られてくるので、片づけをこれまでと同じようにしようと思うと苦しすぎるのです。

こんまりメソッドのゴールは、自分の人生をときめいて過ごすこと。毎日家を完璧に片づけること、そのものは目標ではありません。改めて私も「今の人生においてときめく生き方、時間の使い方はどういうものなんだろう」と考えました。出た答えは、まずは体力保持、睡眠時間の確保、それから子どもと過ごす時間を大切にしたいということでした。

おもちゃが出しっぱなし、使ったものを元に戻せていない、本棚の本がきれいに並んでいない、などの状況が一時的にあっても、最低限のルールで片づけをすればいいんだと考えるようになりました。こまめに片づける時間がなければ、各部屋に一時置き場を作って、いったんそこに入れるだけにする、寝室だけはおもちゃを散らかさない、洗いものだけはその日のうちに片づける、など、**これだけはやっておきたいことがクリアならOKと考えると楽になります。**

たとえば、10分あれば使ったものを元に戻せるけれど、それより今の10分は子どもが読みたがっている本を一緒に読むことに使おうというように、自分が妥協できるポイントを探ります。何がときめく時間になるのかを考えて選択していくと、心穏やかに暮らせます。子どもが少し

KonMari's memo 年に1度は念入りに 私自身、年に1度はいつもより念入りに片づけをして、今の自分のときめきと向き合うようにしている。

大きくなると時間ができるので、今すぐ完璧に片づけることを目指さなくても大丈夫。それより、忙しすぎる自分の体を休めることや、気力を回復させることに時間を使います。

私の場合は子育てでしたが、人生のある時期においては、仕事や介護などさまざまな理由で心身に余裕がなく片づけられない場面が出てきます。しかしそれは、片づけられないのではなく、**ほかのことを頑張っている時期なので、必ずしも片づけを優先しなくてもいい**と思います。大変な時期には無理をせず、自分や家族の体や心を大事にして過ごしてください。

これから子育て期に突入する前のタイミングであれば、子どもが生まれてくるまでの期間に片づけ祭りを終わらせるのが理想的です。もし、子育て期のまっ最中だけれど、片づけ祭りに取り組みたいという場合は、カテゴリーを細分化して少しずつ片づけていく方法がおすすめです。こんまりメソッドでは、持っている洋服を全部集めて片づけましょうといっていますが、時間がかけられない人は、今日はトップスだけ片づけようとか、文房具のなかで今日はペンだけといった感じで取り組むとよいでしょう。メソッドのルールとは少し外れる方法なので、最終的に時間は少しかかってしまいますが、確実に片づけを進めることができます。

片づけ祭りはＣＨＡＰＴＥＲ３から取り組み、働き盛りの人はＣＨＡＰＴＥＲ４へと進んでください。**どんな人もまず、自分の家にあるものからときめきチェックを始めましょう。**片づけを通して人生全体に向き合うことで、キャリアについても考えやすくなります。

年代別に見る片づけのポイント

10代

友だちとの思い出など、大切に思うものは無理に手放す必要はありません。ただし、家の中で、自分のものの収納スペースがどれだけあるかの確認は必要。その範囲内に納めることを意識しましょう。

20代

親元から離れるなど、独り立ちの時期です。人とのお付き合いや仕事で忙しく、なかなか家のことに気が回らないことも。1人暮らしや結婚を見据えて、自分のものと向き合ってみるのもおすすめ。

30代

さまざまなライフステージの変化があります。仕事の昇進、結婚、出産、育児…。自分にとっての重要事項を優先し、片づけはお休みしても。ときめかないものを随時手放しながら、来たる片づけ祭りに備えるのも手。

40代

仕事ではどんどん責任ある立場に、また、子どもがいる場合は子育てが落ち着いてくるのがこの頃です。自分自身を見つめなおす時間がとれるようになったら、一気に片づけ祭りに取り組んでみて。

50代

親の介護、子どもの独立…。定年という言葉がだんだん身近になってきます。老後の人生をどうときめかせるか…を見極めるためにも、片づけは有効。前向きな気持ちを手に入れられます。

60歳から終活、そして遺品整理まで。人生を振り返るためにしたいこと

定年前後の世代にも、こんまりメソッドはおすすめです。最近では65歳まで延長雇用で働くことが一般的になりました。70歳やそれ以上の年齢でも働く人が増えています。しかし、60歳で迎える定年は、職業人生の節目。生活や働き方が一変します。**これまでの人生で自分が何を大切にしてきたのかを知り、今後の人生で何をしたいのかを考えるためにも、片づけは大いに役に立つはずです。**

終活の一環として、こんまりメソッドを活用している人も多くいます。「これまでいかにたくさんのものを溜め込んでいたか、身体が元気なうちに向き合えてよかった」「終活のつもりだったけれど、これからの人生を新しく始めたいと思うほど、前向きな気持ちになれた」という声を聞くたび、いつからでも片づけを始めるのは遅くない、ということを私自身が改めて感じています。

老前整理コンサルタントの坂岡洋子さんが提唱されている「老前整理」という考え方があります。「老前整理」は、老いる前に身辺を見直して、今後の生活にいらないものを整理することです。坂岡さんは、2011年に出版された『老前整理 捨てれば心も暮らしも軽くなる』（徳

間書店）の中で、気力・体力・判断力があるうちに片づけて、将来に備えようと訴えています。これは、自宅で介護が必要になったときは、ものが多すぎることが障害となり、施設に入るときにはあまり多くのものを持って行けないためです。

ある程度の高齢になると、ものがあることが安心感につながり、ものを減らすと不安になってしまうという傾向があります。これはものを片づけるということが、終末が近づいていることを意識することになってしまうからだそうです。そのためにも、定年後に現役時代より時間ができたら、自分の意思で片づけることをおすすめします。

一方で、親などの家族が亡くなったあとに、子ども世代が遺品整理に向き合う

終活前のものの整理のメリット

ときめくものに囲まれ、老後が快適に過ごせる

これからの人生を
ポジティブに考えられる
ものも時間も
無駄がなくなり
余裕ができる
必要なもの
不要なものが
明確になる

ケースでの相談が最近増えてきました。

遺品整理に関しては、こんまりメソッドのルールがそのままあてはまらないこともあります。なぜなら、整理しなければならない対象が自分のものではないからです。

理想をいえば、自分の片づけを終わらせた状態で、親の遺品整理に取り組むのがベターです。自分のものの片づけを衣類から始めて思い出品の片づけまでを終えてから、親のものを同様の順番で片づけるほうが、本来はスムーズにいきます。

ただ、家の中に膨大な量のものが溢れていたり、片づけの期限が決まっていたりする場合など、理想どおりにいかない事情もあるでしょう。

私からの提案は、作業をするあなた自身が、少しでもときめく方法で片づけをすることです。「親の持ちもの1つ1つにじっくり向き合いたい」「なるべく時間も手間もかけずに、作業自体を終わらせたい」など、どのようにして整理を進めたいか、まずは自分の心に向き合う時間をとることをおすすめします。

実際に手を動かして作業をするときは、迷わず手放せるものの処分から始め、手放すか残すか迷ったものは判断を後回しにして、**とにかく目の前のものの総量を減らしていくことに集中します**。家族や業者など、他人の助けが借りられる場合は、可能な限り依頼して、なるべく白分自身の負担にならない形で進めていくことを心がけましょう。

いよいよ手元に残すものを選ぶ際には、ものを1つ1つ手に取って「これを残すことで、ときめくか」と自分に問いかけながら進めてください。

ものを手放すときには「今までありがとうございました」と感謝を込めます。そうした考え方のヒント、心の持ち方にこそ、こんまりメソッドが役に立つはずです。

遺品整理は、片づけのなかでも体力的にも精神的にももっともエネルギーを使うもの。だからこそ、いつでも「自分にとって、ときめく方法を取れているか」という視点がとても大切です。

遺品整理は自分の心に従いながら

実際に触って、ときめきを感じながら決める

残すもの
●貴重品は法的な手続きへ
●思い出品は形見分けに
ノートや写真などはデジタルデータ化するのも手
手放すもの
●リユース、リサイクル、寄付へ
●不用品回収業者やごみとして処分

家の中だけでなく、人生が変わる!? 片づけの魔法がもたらすこととは…

片づけ祭りで自分と向き合い、ものを残すか手放すかを選び続けると、**片づけが終了する頃には、判断力と決断力が磨かれています。これが、こんまりメソッドの最大の効用**です。そして、「自分が心からときめくことって何だろう?」と考え始め、結果、会社を辞めて独立したり、憧れだった職種に転職したり…人生が動いていきます。

片づけをしたら、自分のやりたいことが見つかりましたという声をよく聞きます。

A子さんもそのひとりです。ときめく本だけを残した彼女の本棚には、社会人になって買った本はなくなった一方、中学生の頃から興味があって買っていた社会福祉関連の本がずらりと並んでいました。中学生から社会人になるまで自分がベビーシッターのボランティアを続けていたことを思い出し、「子どもを産んだ女性でも、安心して働ける社会を作りたい」という自分の熱い思いに気づきました。その後、彼女は、独立のための勉強を始め、会社を辞めてベビーシッター事業を行う会社を設立しました。

片づけをすると、お金が貯まるようになったという人もたくさんいます。

自分が使っていないものを山ほど持っていた、無駄なものをたくさん買っていたということ

KonMari's memo
自分に自信がもてる　片づけをすると、「私はこれが好き」だとわかり、自信がもてるようになり自己肯定感が上がる。

に気づくので、お金の使い方が変わり、物欲が落ち着きます。

「たくさん服はあるのに、今日着たいものがない！」と常に不足感があったところから、「必要なものは揃っている」と思えるように捉え方が変化するのです。片づけ祭りを終えたあとに、「洋服を買わない」と決めて、持っている洋服だけでときめくコーディネートをして1年間問題なく過ごせた人もいました。

お金を使ってものを買う消費行動は、満たされない欲求を埋めるためのストレス解消になっている場合があります。ストレスから買い物依存症になっている人も、いちど片づけと向き合って、心が満たされることを認識すると、依存症や衝動買いが改善していくそうです。

片づけを進めていくうちに、「体重が適正になりました」「おなか周りがすっきりしてきました」という声もあります。

ものを減らしていくと、家のデトックスが体にも影響するようです。特に、1日でごみ袋40袋など、一気にものを手放した場合、一時的におなかを下したり、肌に吹き出物ができたりすることがあります。これは体に溜まっていた毒素が一気に出てきた影響で起こる現象だと、私は考えています。そして、2日もすれば、体はすっきり軽くなり、肌もつるつるになる…、というなんとも不思議な変化を何度も目の当たりにしてきました。

これは、片づけをすることでほこりが減って部屋の空気がきれいになったことや、こまめに

KonMari's memo
お金が貯まる理由　ときめくものを大切にするようになると心が満たされ、なんとなくや、間に合わせでものを買わなくなる。

掃除をするようになって身体を動かすようになった、などの要因が重なって美容効果につながっているのかもしれません。ストレスで暴飲暴食に走っていたけれど、キッチンがきれいになったことが嬉しくて自炊の割合が上がり、スリムに健康的になったという人もいました。片づけがダイエットや美肌にも影響するなんて、片づけのプラス効果は計りしれません。

恋愛がうまくいくようになった、結婚できたという声もよく聞きます。

片づけをしたあとは、ときめく洋服を着るようになるので、前より自分に自信がもてるようになります。行動が変わって積極的な気持ちになり、出会いの場に行けるようになるのです。長く付き合っている彼からプロポーズされないと悩んでいた女性が、片づけが終わったら別れようと思って片づけをしていたら、片づけ終わった翌日にプロポーズされたという話もありました。

片づけには、恋愛に片をつける効果もあるようです。

片づけで大きく変わることの1つに、パートナーとの関係があります。

片づけを終えたら、今のパートナーとの生活にときめかない自分の気持ちに気がつき、離婚する人もいます。逆に、この片づけを終えたら離婚すると決めていた人が、パートナーとの絆を再確認する場合もあります。片づけを通して、パートナーのよいところが見えるようになったり、ここが好きだったと改めて気づいたり、毎日働いて一緒に家庭を回してくれていたんだと実感したり。より細やかな視点で多面的に相手を見ることができるようになるので、そこに

KonMari's memo　恋愛・パートナーとの関係　片づけを通してときめきを追求していくと、人間関係のときめきも敏感に判断できるように。

大きな発見があるのです。

問題の本質が見えるようになるので、「すぐに離婚ではなく、こういうところを話し合えばいい」「自分が心地よくないと感じるところは直接いえばいい」など、解決に向けて前向きに考えられるようになります。結果、関係がよくなることのほうが多いという印象です。

別れの決断をする場合も、相手への悪い感情から離れるのではなく、これまでの関係に感謝をして手放すという心のあり方を、自然に選択できるようになります。

片づけ祭りが終わったあと、何かが劇的に変わったわけではないけれど、**いちばん大切な「もとこと」が見えてきて、自分に自信がもてるようになった、毎日の暮らしが楽しめるようになったという人は非常に多い**です。自分の未来を信用できるようになり、いろいろなことがうまく回り始めるのです。

こんまりメソッドでの片づけを経験すると、このように、その後の人生が変化していきます。私はこれを「片づけの魔法」と呼んでいます。

片づけを実践して、人生がときめく片づけの魔法効果を、ぜひあなたの人生でも体感してみてください。

夫や子どもとの関係が片づけたことで大幅に改善！

以前から片づけが苦手だったという山口さん。ある日、小学校2年生だった長男が急に友だちを家に連れて来たときに、「（散らかっているんだから、）うちで遊べるわけないでしょう！」と怒って追い出してしまいました。そのときに長男が、「僕だって家で友だちと遊びたいんだ」と泣いて訴えたことがきっかけで、片づける決心をしました。

２０１９年、子どもが2人になり、家事・育児と仕事を両立することに疲弊し、会社を退職。専業主婦になった時期だったので、自己流で片づけに取り組みました。しかし、何をしても全然片づきません。山口さんは、整理収納アドバイザーの勉強をしながら片づけを始めました。

片づけを始めて6カ月ほど経ったときに、以前母のすすめで読んだ『人生がときめく片づけの魔法』と再会。改めてこの本を読み、コロナ禍が始まった２０２０年3月に片づけ祭りを始め、３カ月で終了。これによりさまざまなことが変わりました。

山口綾子 さん

AYAKO YAMAGUCHI

1985年生まれ。山梨県在住、コンサルタント。家族は、会社員の夫と12歳、7歳、2歳の子ども3人。

「以前は長男を信用できていなかった」と山口さんは振り返ります。「友だちとけんかして、先生から電話がきて友だちに謝って、ということが続いていました。『なんでけんかするの？　あなたにも原因があるでしょう』と決めつけて怒っていたので、息子もだんだん話さなくなって心を閉ざしていました」。ところが、片づけを通して自分がときめくものが明確になっていったら、家族のときめきにも耳を傾けてみようと、長男が好きなものや興味があるものに寄り添って話を聞けるようになりました。そうすると、長男の表情が明るくなりました。

夫との関係もよくなく、離婚を考えたことが何回もあったといいます。「相手の悪いところばかりを見てしまい、いいたいことをいってもお互いの価値観がずれていて理解してもらえないから疲弊するばかり」。育児と夫に対する2つのストレスを、友だちと飲みに行ったり、趣味のバスケットボールをしたり、外に出かけることで発散していました。

夫は2019年に会社を辞めて起業しました。「決断を受け入れたものの、未来への不安がいっぱいでしたが、片づけを始めたら、『夫がやりたいことは夫のときめきなんだから、応援しよう』と思えるようになりました」。収入が減った分は、山口さんが居酒屋やケーキ屋でパートして補いました。「当時はお金の不安があって、片づけをして、これを捨てたら困るかもしれないと思いましたが、『着るものも食べるものもちゃんとある』と気づけて安心感につながりました。そして、無駄な買い物はしなくなりました」と山口さんは語ります。

片づけ期間「約3カ月」

衣類	本類	書類	小物類	思い出品
2日	1日	1日	8日	1日
5〜6時間×2回	2時間程度	5時間程度	2〜3時間×8回	5時間程度

夫も起業したタイミングで片づけ祭りを実践。「『片づけたほうがいいよ』とはいちどもいっていないのに、私が楽しそうに夢中でやっているのを見て、夫も自発的に始めたんです」。

こんまりメソッドで一緒に片づけたことは、夫婦仲の改善に大きく影響したといいます。

片づけで山口さん自身は大きく変化しました。片づける前は、必要なものを探すのに労力と時間を使っていました。家の中では常に自分を犠牲にして家事をしていて、自分で自分を苦しめていたのだといいます。「こんまりメソッドで片づけて、自分が興味があることはやっていいんだよと自分に許可が出せるようになりました。体と心を整えるためにヨガをしたり、当時3歳の娘とお菓子作りをしたりしました。娘がとても嬉しそうで、『こういうお母さんになりたい』と思っていたことが実現しました」。

子どもを伸び伸び育てたいと、2022年に夫が移住を提案。夫婦でときめきをベースに話し合った結果、山梨県へ。片づけを通して培われた行動力で情報を集め、2カ月後には借りる物件を契約。「現地を見に行ったときに、空気がおいしくて景色もきれいと五感でさまざまなときめきを感じて、ここで暮らしていけばきっといい方向に進むだろうと直感しました」。

こんまりメソッドによる片づけで、山口さんはこれほど多くのことが変化したのです。

IKEGAMI'S EYE

池上は、こう読んだ

片づけるというと、私たちは、まずは「何を捨てるか」を考えます。しかし、それは「マイナスの理由を探し続けること」になってしまうのですね。そうではなく、「ときめくものを選ぶ」とは、プラスの理由を探すことになるではありませんか。マイナスのことばかり探す人生はつまらないですね。プラス思考であれば、いつまでもときめいていられる。人生が豊かになるではありませんか。

片づけるとは、過去に自分が集めてきたものを見返すこと。それは過去の自分と向き合うこと。自分は、こんなものを買っていたのか。自分は、こんなものを後生大事に抱え込んでいたのか。そんな過去を見つめ直すこと。それが片づけ学なのですね。その作業は、一気にやること。たしかにダラダラとやっていたのでは、気づくと何も片づいていなかったことになるからなのです。

片づける前に、片づける対象の家に対して挨拶をする。なんだか不思議な儀式に思えますが、家を出ていくことになるものへの敬意の表明なのですね。これまで自分と一緒に人生を過ごしてきたものに対し、感謝をした上で別れを告げる。こうしたけじめをつけると、不要なものは自ら出て行ってくれるのでしょう。片づけとは、惜別の儀式でもあるのですね。

「片づけ」を極める

肝は洋服のたたみ方にある

こんまりメソッドで伝えていることに、洋服のたたみ方があります。すべての洋服をハンガーに掛けて収納するほうが手間がかからなくてよいと考える人がいますが、そういう人にもたたむことの威力をぜひ感じてもらいたいと思います。たたむことのメリットは、収納量が格段に上がること。同じスペースでも、掛ける収納の数倍多く収納できるようになります。

洋服との対話が癒やし時間に

たたむのは、自分と洋服とのコミュニケーションの時間です。「いつもありがとう」という感謝と愛情を込めて、手のひらでしっかり布地を伸ばしてたたんでいきます。すると洋服のときめき度がアップし、たたむ作業が苦でなくなるから不思議です。

たたんでしわになるのが嫌という意見があります。こんまりメソッドによるたたみ方は、センターに折り目がつかないように工夫していて、しわが目立つ心配はありません。むしろ、その洋服に合ったたたみ方をすると、洋服が生き生きしてくるのです。

たたみ方についての詳しい説明は101~103ページを参照してください。「こんまり たたみ方」で検索すると、動画もインターネット上にたくさんアップされています。たたんで収納することの心地よさに気づくと、やみつきになり、あらゆるものをたたみたくなります。

上手にたためるようになると、その時間がリラックスタイムになるという声もあるので、ぜひ試してみてください。

こんまりメソッドでもっと

基本 半袖の洋服のたたみ方

1

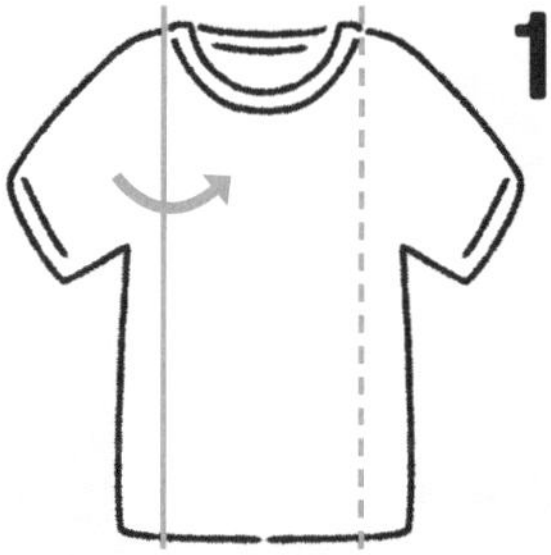

前を内側にしてしわを伸ばし、身頃の3分の1程度を内側に折る。

2

半袖の部分をしわにならない角度で矢印の方向に折り返す。

3

反対側も同じようにたたむ。少し内側にずらして重ねる。

4

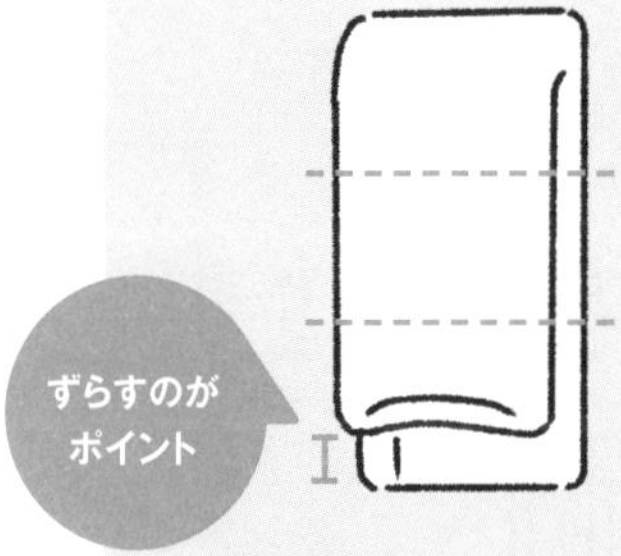

首から裾に向かって折る。裾までしっかり重ねず、ゆとりをもたせる。

5

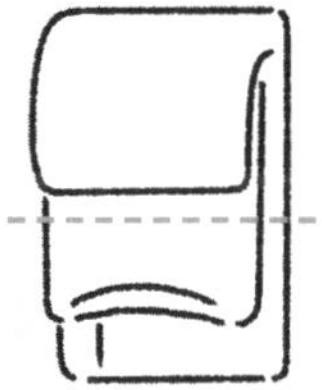

さらに3〜4等分にたたんで、厚みのある小さな長方形にする。

6

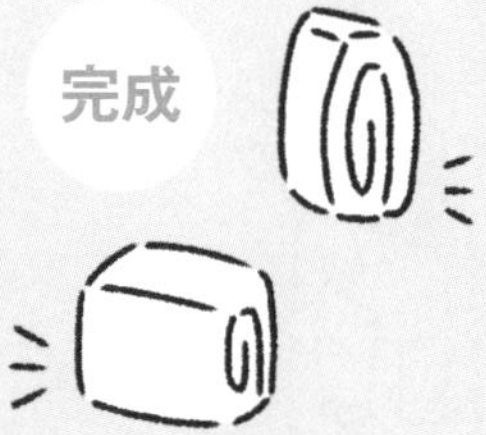

自立してつるんとした、長方形になればできあがり。

長袖の洋服

1

半袖と同様に身頃の3分の1程度を内側に折って、袖を折り返す。

2

身頃に沿うように長袖を下に折り返し、反対側も同じようにたたむ。

3

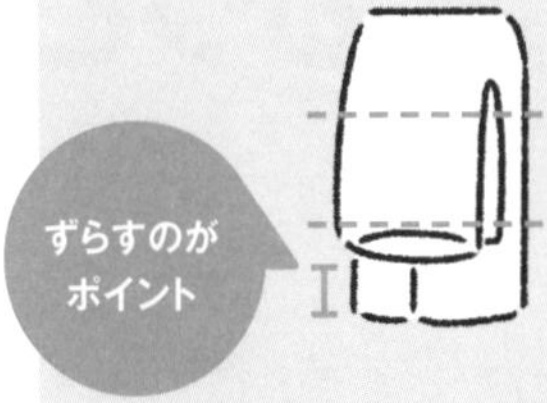

首から裾に向かって折る。裾までしっかり重ねず、ゆとりをもたせる。

4

完成

3〜4等分にして、自立してつるんとした長方形になればできあがり。

パーカー

1

フードを伸ばし、身頃の3分の1程度を内側に折って、袖を折り返す。

2

身頃に沿うように長袖を下に折り返し、反対側も同じようにたたむ。

3

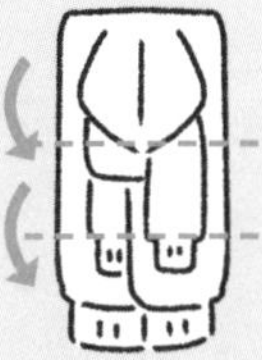

フードを内側にたたみ、首から裾に向かって3等分に折る。

4

完成

シンプルな長方形に。厚みによっては立てずに寝かせて収納することも。

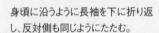

パンツ

1

前を内側にして半分にたたんで、お尻の三角の部分を折り込む。

2

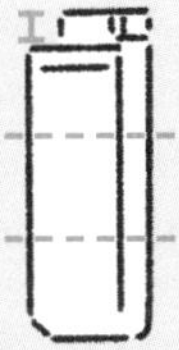

裾から腰に向かって折る。腰までしっかり重ねず、ゆとりをもたせる。

3

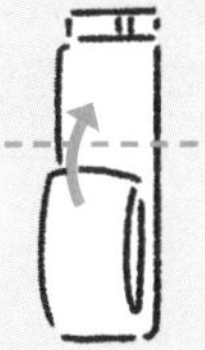

さらに3〜4等分にたたんで、厚みのある長方形にする。

4

完成

自立してつるんとした長方形になれば、できあがり。

スカート

1

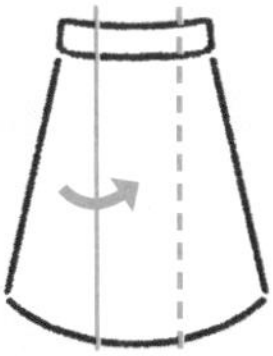

前を内側にしてしわを伸ばし、横幅の3分の1程度を内側に折る。

2

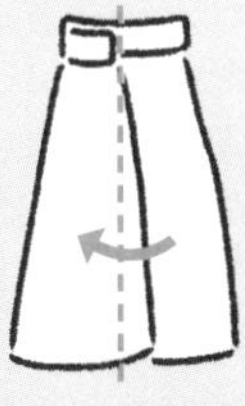

縦長の長方形に合わせて、入らない部分を折り返す。

3

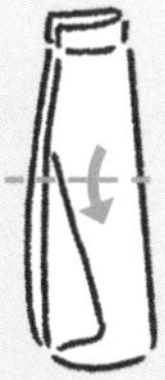

反対側も同様にたたみ、少し内側にずらして腰から裾に向けて折る。

4

完成

2〜3等分に折る、巻くなどして、収まりよくまとまれば、できあがり。

暮らしに ときめきを プラス

片づけを終えてときめくものだけを残したら
さらに自分がときめくように
小物やインテリアなどを足していきます。

キッチンやトイレに

家の中でもっと素敵に できる場所はたくさん!

キッチンが殺風景に思えるときは、食器棚のガラスに内側から好きな布を貼ったり、壁に素敵な柄のタイルを貼ったりして、料理中も自分がご機嫌でいられる、ときめきスポットを作ってみましょう。

トイレには、爽やかな香りのディフューザーを置いて、ほっとできる空間にするのも素敵。ただ通りすぎるだけだった廊下に小さな棚を取り付けて、自分だけのミニギャラリーにするのも一案です。

マイスペースを作る

クローゼットの一部、引き出し1段分でもOK

ときめくものを飾る方法の最上位は、「ときめきマイスペース」を作ること。ここは、自分だけが管理する、自分がときめくものしか置いていない場所です。

たとえば、箪笥の上に好きなアーティストのグッズを飾る、引き出しの1段にコレクションの文房具をお店のようにディスプレイするなど。「ときめきマイスペース」があるだけで、家にいる時間が抜群に楽しくなります。

普段の時間に

片づけが終わると ときめく時間が過ごせるように

片づけが進むと、これまで探しものをしたり、洋服を選んだり、掃除をしていたりした時間が減って、ゆとりができます。

その日の気分で入浴剤を選んだり、キャンドルの灯だけで入浴してみたり、よりときめく時間が過ごせるようになります。ほかにも、食事の時間、お茶の時間など、家で普段過ごしている時間が、以前より少しずつときめくものに変わっていくのを楽しんでください。

小物の4段活用

「置く」「掛ける」「貼る」「包む」 特徴を生かして飾る

片づけ中に出てきた「使い道がないけれど、ときめく」小物は、「置く」「掛ける」「貼る」「包む」の4段活用で飾ります。

「置く」のは、ミニチュアやぬいぐるみ、アクセサリーのパーツなど。「掛ける」は、古い携帯ストラップやキーホルダーなど。「貼る」は、収納スペースの内側にお気に入りの柄の布や紙を貼るのがおすすめ。「包む」のは、手ぬぐいやエコバッグなど、布っぽいもの全般です。

CHAPTER 3

片づけを実践する 暮らしのための

自分の身の回りのものから始めよう

自宅や自室の片づけの際、こんまりメソッドの手順どおりにすると、効率よく進められます。片づけを終えたあとは、判断力、決断力が身につき、日々が輝き始めます。

— TIDYING STUDIES —

片づけ祭りスタート。最初は洋服から。家じゅうから集めて山を作る

この章からは、いよいよこんまりメソッドを実践していきましょう。

片づけ祭りは必ず、「カテゴリー別」に進めていくことがポイントです。そして、段取りは3ステップ。これを、カテゴリーごとに繰り返していきます。

すべてのものを「出す」
ときめくものを「選ぶ」
定位置を決めて「しまう」

スムーズに片づけるための順番は、CHAPTER2で紹介したとおり、「衣類」→「本類」→「書類」→「小物類」→「思い出品」です。

最初のカテゴリーは、衣類です。**衣類は、残すか手放すかの判断が比較的しやすく、また、下着、トップスなどはっきりと分類ができるため、手をつけやすい**のです。さらに、衣類は毎日使うものなので、片づけたあとのときめき増進効果が大きく、片づけ祭りのモチベーションが一気にアップします。

【衣類】

早速、**家じゅうの自分の洋服を出して1カ所に集め、洋服の山を作りましょう**。一般的には、寝室の床の上やベッドの上などに集める人が多いようです。

洋服を集めるときのコツは、トップスやボトムス、下着など、ざっくりでもいいので種類ごとに分類して置くように心がけること。それから、山を作る作業にはあまり時間をかけず、ロボットのように機敏に動いて集めることです。

ひととおり集め終えたら、もうこれ以上、家の中に自分の洋服はないか、自分自身に問いかけてみてください。「ここで集めきれなかった洋服は、なかったものとして諦めよう」くらいの気持ちで、真剣に家じゅうの洋服を出しきります。この時点で思い出せなかったものは、手放す候補と考えていいでしょう。

改めて見てみると、持っていることも忘れていたシャツ、とっくの昔にサイズが入らなくったパンツ、色違いで買って片方はほとんど着ていないジャケット。山になった洋服を前に、ほとんどの人は「こんなにたくさん持っていたのか…」と目を丸くします。平均所持数は、トップスだけでも80着前後。自分が想像していたよりも、だいたい3倍の量が目の前に現れるイメージです。

ここで、「本当に片づけなくては…」と、誰もが心の底から決心します。「洋服の山作り」は、人生を変える片づけ祭りのスタートにふさわしい、一大行事といえるでしょう。

KonMari's memo

ものを集める　収納場所に入っているものは寝ている状態。集める作業には、家の中で眠っているものを起こす意味もある。

洋服の主な分類は左記のとおり。**衣類のなかでもより効率よく作業を進める順番があります。**

1. トップス（シャツ、セーターなど）
2. ボトムス（ズボン、スカートなど）
3. アウター（ジャケット、スーツ、コートなど）
4. 靴下類
5. 下着類
6. バッグ
7. 小物類（マフラー、ベルト、帽子、ネクタイなど）
8. イベントもの（浴衣、水着、スキーウエアなど）
9. 靴

靴やバッグ、ファッション系の小物なども衣類に含めます。心臓に近いアイテムほど、ときめくかどうかの判断がつきやすいので、トップスからときめきチェックをするのがおすすめです。まとまった時間がとれない場合は、種類ごとに片づければ無理なく実行できます。

残す洋服と手放す洋服を選ぶときは、必ず1つずつ手に取って触ってみます。ときめくものと、ときめかないもので、それぞれ体がどのように反応するか。ときめきの感覚を自分の体で実験するように、感じてみてください。

KonMari's memo
残すものの量　たくさんの洋服を手放すと不安になるが、ときめくものだけを残せば、自然と必要な量が残ることになる。

リバウンドしない片づけ祭りの手順

[1]

出す

家じゅうから探して
1カ所に集める。
量が多いときは種類ごとに
山にしてもよい。

[2]

選ぶ

1つ1つ触って
ときめくかどうかを判断。
わからないときは
試着してみるとよい。

[3]

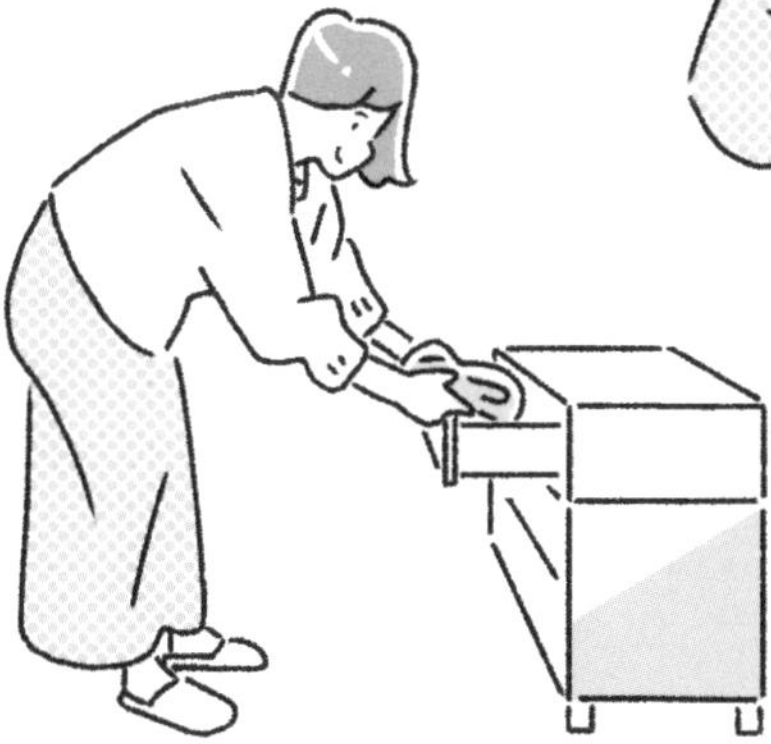

しまう

そのまま掛けるか
たたんでしまうか。
美しく収納すると
使い勝手もアップする。

この3ステップを、カテゴリーごとに繰り返していく。

カテゴリーには、さらに細かな分類と、ものによっては進めやすい順番がある。

衣類 » P108　本類 » P127　書類 » P132　小物 » P139　思い出品 » P146

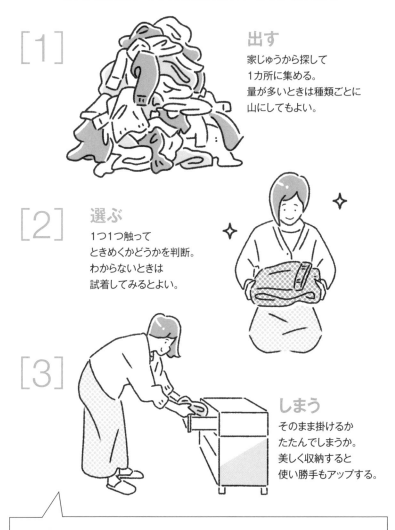

ときめきがわかりにくいときは先の季節の洋服やアイテム同士を比較

衣類の片づけで、**ときめく感覚がわかりにくい場合は、オフシーズンの洋服からチェックしていく**ことをおすすめします。つまり、夏に片づけているときは冬ものから、冬に片づけているときは夏ものから手をつけてみるのです。

今、着ているオンシーズンの洋服は、昨日着たからまた着るはず、明日着ていくものがなくなったらどうしようと考え、自分の感覚と冷静に向き合うことが難しくなることがあります。しばらく着ることがないオフシーズンの洋服のほうが、純粋にときめきの感覚だけで判断ができるのです。**オフシーズンの洋服に対しての質問は、「次の季節に、ぜひ会いたいか」**です。

ときめく感覚に迷ったときの解決法のもう1つは、同じようなアイテムを比べること。黒いパンツや白いシャツ、シンプルなコットンのカーディガンなど似たような洋服が大量に出てきたときは「どちらがときめくか」と考えてみましょう。

すると、同じように見えるものでも、ときめき度に差があることに気がつきます。使えそうと思って色違いで同じアイテムを買ったのに、結局は片方の色ばかりを着ていたりします。セーターが毛玉だらけになって新しく買い直したのに、いつまでも古いセーターを選んでいたり

KonMari's memo
ときめき感度　ときめくものかどうかを判断する感性のこと（49ページ）。判断を繰り返すうちに、感度は自然と上がっていく。

します。**洋服同士を比べていくと、自分の洋服との付き合い方のパターンが見えてきて、何を残すべきなのかがクリアになっていくのです。**

洋服は、身につけて判断してもいいでしょう。鏡の前で着てみると、「やっぱりしっくりこない」「デザインが古いかも」などと冷静になれます。着てから選びたい洋服がたくさんある場合は、そのための洋服の山を作ってから、一気に試着タイムにすると効率よく進みます。

それでも判別に迷うものがあれば、ひたすら自問自答です。「前に着たのはいつ？」「次に着るとしたらどんな場面？」「その場面って、本当にある？」「着ている自分に自信がもてる？」などです。あらゆる角度から、洋服と自分の関係を見つめ直してみてください。

洋服の片づけをしながら考えたいのは「どんな自分でありたいか」。バリバリ働く自分、リラックスする自分、父親・母親としての自分、趣味を楽しむ自分…。それぞれの場面で、どんな装いをしていたいですか。

直感で感じる「ときめき」と、頭で考える「こういう洋服を着るべき」「こういう格好は恥ずかしい」という概念に差があるのであれば、この片づけの機会に、本当に自分のしたい服装について、とことん考えてみましょう。

洋服の片づけが終わると、「これは自分が選んだ、ときめく洋服なんだ」という強い意志をもって鏡の前に立つことができます。

洋服の片づけで手に入るのは、ゆるぎのない自分像なのです。

KonMari's memo 洋服を手放す・残す 着ていて自分を幸せにしてくれる洋服なら、「ときめくもの」と判断して、堂々と残そう。

たたんだものを立てて収納する。これが、こんまりメソッドの基本

残す洋服を選び終わったら、次のステップは収納です。

洋服の収納方法は2種類あります。ハンガーを利用して洋服を「掛ける収納」と、洋服をたたんで引き出しなどにしまう「たたむ収納」です。

特に、**収納スペースが足りないと悩んでいる人におすすめしたいのが「たたむ収納」を中心にすること。**正しいたたみ方をマスターすると、収納力が格段にアップします。なにより、たたむことの楽しさをいちど覚えると、片づいた状態をキープするのが一気に容易になるのです。

洋服をたたむ本当の価値は、自分の手で触って整えることで、洋服にエネルギーを注ぐことにあります。手当てという言葉があるように、手から出るパワーが注がれると、人は心も体も癒やされて元気になります。それは、洋服も同じです。丁寧にたたんで収納された洋服と、適当に引き出しに放り込まれている洋服では、着ているときの張りと輝きが違います。

洋服をたたむことは、収納力をアップさせるだけでなく、いつも自分を支えてくれている洋服に愛情を示す行為でもあるのです。

まずは、**たたんだ洋服のゴールイメージを理解しておきましょう。それは、つるんとシンプ**

ルな長方形です。引っかかりがない状態のほうが、出し入れの際に摩擦が少なく、生地が傷みにくくなるからです。

どんな形の洋服も、まずは、身頃を中心とした縦長の長方形を目指してたたみます。たとえばTシャツの場合、身頃を中心とした縦長の長方形を作るように、両脇部分をたたみます。半袖なら袖を1回ずつたためばＯＫ。長袖の場合は、袖を何回か折り返して縦長の長方形の範囲に収まるようにたたみます。

長袖は、最後は袖を下に向かっておろすようにたたむと、たたみ上がりが分厚くなりません。縦長の長方形を作ったら、あとは収納場所の高さに応じて四つ折りや六つ折りにします。これが基本のたたみ方です。詳しくは１０１～１０２ページを参照ください。

目標は、それだけで自立するたたみ方です。洋服にはそれぞれ、たたんだときにぴたりと決まるゴールデンポイントがあります。ゴールデンポイントとは、その洋服にとっていちばん心地よい、しっくりくるたたみ方のこと。素材や大きさによって異なります。

ゴールデンポイントを探すコツは、生地が薄いものは、幅も高さも小さくキュッとたたみ、生地がふんわりしている厚手のものは、ゆったりとたたむことです。

たたんだ洋服は手で挟んで床に垂直に置いてみましょう。手を離しても、洋服が崩れずに自立すれば合格です。こうしてたたんだ洋服を、引き出しの中で立てて収納することで、パッと

KonMari's memo

たたみ方のコツ　床やテーブルなどの硬い平らな場所で。指先だけでなく手のひらを使い、「小さく」を心がけてたたむ。

見ただけで、どこに何があるかひと目でわかる収納が完成します。**「立ててしまう」のは収納の基本**です。

例外として、ローゲージニットやボアのパーカーなど、かなり厚みのある服は、立てる収納をしようとするとボリュームが出すぎることがあります。そのときはたたんで重ねる方法をとります。また、ナイロンやシルクなど、極めて薄いテロテロした素材のものも、立てることはできません。薄い素材の衣類は、たたむというより、くるくる巻くようにすると、収まりよくまとまります。

パンツをたたむ場合は、まず縦半分に折って1本の足の状態にします。詳しくは、103ページを参照ください。**ジーンズなどのコットン素材のパンツはたた**

洋服が自立する、こんまり流のたたみ方

たたんだときに目指す形は長方形!

洋服の自立度チェック

たたんだ洋服を床などに垂直に置いて自立したら合格。
崩れてしまった場合は、
再度、たたんだ際の幅や高さを見直す。

たたんだ洋服を立てた状態で収納すると、
引き出しを開けたとき、しまったすべての洋服がわかる

めますが、スーツのパンツやセンタープレスのパンツなど、きちんとした素材のボトムスは、**掛ける収納が基本**です。

スカートやワンピースも、裾の広がった三角形の部分を何回かたたむことで長方形にできます（103ページ参照）。これらのアイテムは掛ける収納が基本ですが、掛けるスペースが足りないときや、旅行のとき用にたたみ方を覚えておくと便利です。特に、夏物のテロンとした薄い素材のワンピースなどはキュッとたたむと驚くほどコンパクトになり、小さなスペースに収納できます。

たたみ方で迷ったら、いちどその洋服を広げてみて、冷静に形を観察してください。どんな形の布を使い、どこに布を多く使っているのかがわかったら、基本どおり、自立する長方形になるようにたたんでいきます。飾りなどがついた洋服は、その部分が内側に入るようにたたみましょう。カーディガンのボタンやポロシャツの襟も、内側に入れるようにたたんでいきます。

洋服をたたむときにいちばん大切なのは「いつもありがとう」という気持ちを込めることです。感謝をしながら洋服に触る習慣がつくと、ほつれやしみ、ボタンのゆるみなど、細かいところに気づき、自然と丁寧に洋服をケアできるようになっていきます。そのうち、洋服をたたむだけで、なんとなくホッとしたり、リラックスできたり。穏やかな癒やし効果を感じられるようになるはずです。

クローゼットか押し入れか。洋服は備え付けの収納を活用する

洋服は、たためるものはたたんで収納することを基本に考えますが、掛ける収納のほうが適していろ洋服もあります。一般的には、コートやスーツ、ジャケットなどの厚手の生地のものや、パンツ、スカート、ワンピース、シャツなどでひらひらしているもの、たたみにくいもの、たたむとしわが入りやすいものは、掛ける収納のほうがいいでしょう。

私が掛けて収納する洋服を選ぶ基準は、ハンガーに掛かっているほうが喜びそうな洋服かどうかです。風を通すとひらひら揺れて嬉しそうな洋服や、カチッとしていて折り曲げられることを拒否しそうな洋服は、ハンガーに掛けて収納します。

洋服の収納を考える際のチェックポイントは、備え付けの収納がどんなタイプかです。

クローゼットに洋服を収納する場合

ポールに洋服を掛け、空いた下の空間には、引き出しや棚を入れて使います。引き出しには、たたんだ洋服や小物、アクセサリーや毎日持ち歩くものなど、何でも入れてしまって大丈夫。棚には、バッグや帽子、小物などを置くのが定番です。手放して洋服の総量が減り、たたむ収納でコンパクトに収まったら、クローゼットの外に置いていたカラーボックスやクリアケース

を余裕ができたスペースに置くのもおすすめ。

クローゼットと押し入れが両方ある場合は、洋服の収納はクローゼットから使っていきましょう。1つのクローゼットを家族で使う場合は、人別にコーナーを分けて使います。

クローゼットの収納には、もう1つポイントがあります。**洋服を右肩上がりに掛けていくこと**です。人は、右肩下がりのラインよりも右肩上がりのラインを心地よいと感じるため、クローゼットに向かって左側に丈が長く、生地が厚く、色が濃い洋服を掛け、右側にいくにつれて、丈が短く、生地が薄く、色が薄い洋服を掛けるよう並べてみます。

基本の順番は、119ページのイラストのとおりですが、持っている洋服の傾向によって、種類ごとの重さは違います。必ずしも基本どおりでなくて構いません。同じ種類のものを近くに収納するという基本を押さえ、重いものは左に、軽いものは右に配置することを意識すれば、自然と右肩上がりの収納ができあがります。

右肩上がりのクローゼットは、見ているだけで不思議と心がときめきます。このときめき感は、いちど味わうとやみつきになるため、右肩上がりの収納が崩れることはありません。

押し入れに洋服を収納する場合

上段にはポールを入れて、掛けて収納したい洋服に使います。購入するなら、突っ張り棒タ

KonMari's memo
押し入れ　奥行きがクローゼット以上にあることが魅力。そのぶん、目立つ壁は好きな布や絵を飾るなどの工夫をしても。

イプのポールより、洋服の重みで落ちる心配がない独立タイプのほうがいいでしょう。突っ張り棒タイプしか使えない場合は、ワイヤーラック、カラーボックス、クリアケースなど両端に支えになるものを置いて、ポールが落ちないように工夫します。

下の段には、奥行きに合うサイズの引き出しを入れて使いましょう。

クローゼットや押し入れに入れた**引き出しの収納ポイントは、たたんだ洋服を種類ごとに立てて収納すること**。引き出しが何段かある場合は、下のほうが重く、上にいくほど軽い感じのものを収納すると使いやすいです。

引き出しの中のたたんだ洋服は、色がグラデーションになるように並べます。奥が濃い色、手前が薄い色になるようにします。どんな色の洋服をどれくらい持っているかが一目瞭然になり、なにより見た目がときめきます。引き出しが深すぎて、上に空間が余る場合は、たたんだ洋服を並べた上に、浅めの箱に洋服を並べたものを重ねると、上下2段の収納になります。

引き出しの中は詰めすぎず、「9割収納」を目指すのがおすすめです。ときめかないものを手放して引き出しの中のスペースが余ったら、そのままにせず、ほかの種類のものも入れましょう。中身がほどよく埋まるように調整します。こうすることで、スペースが空いていると埋めたくなる心理からの無駄買いを防ぐことができます。

洋服を美しく、実用的に収納するコツ

ポールなどに洋服を掛ける場合

同じ種類のものを隣り合わせにする。
丈が長いものを左に、右肩上がりになるよう掛けていく。

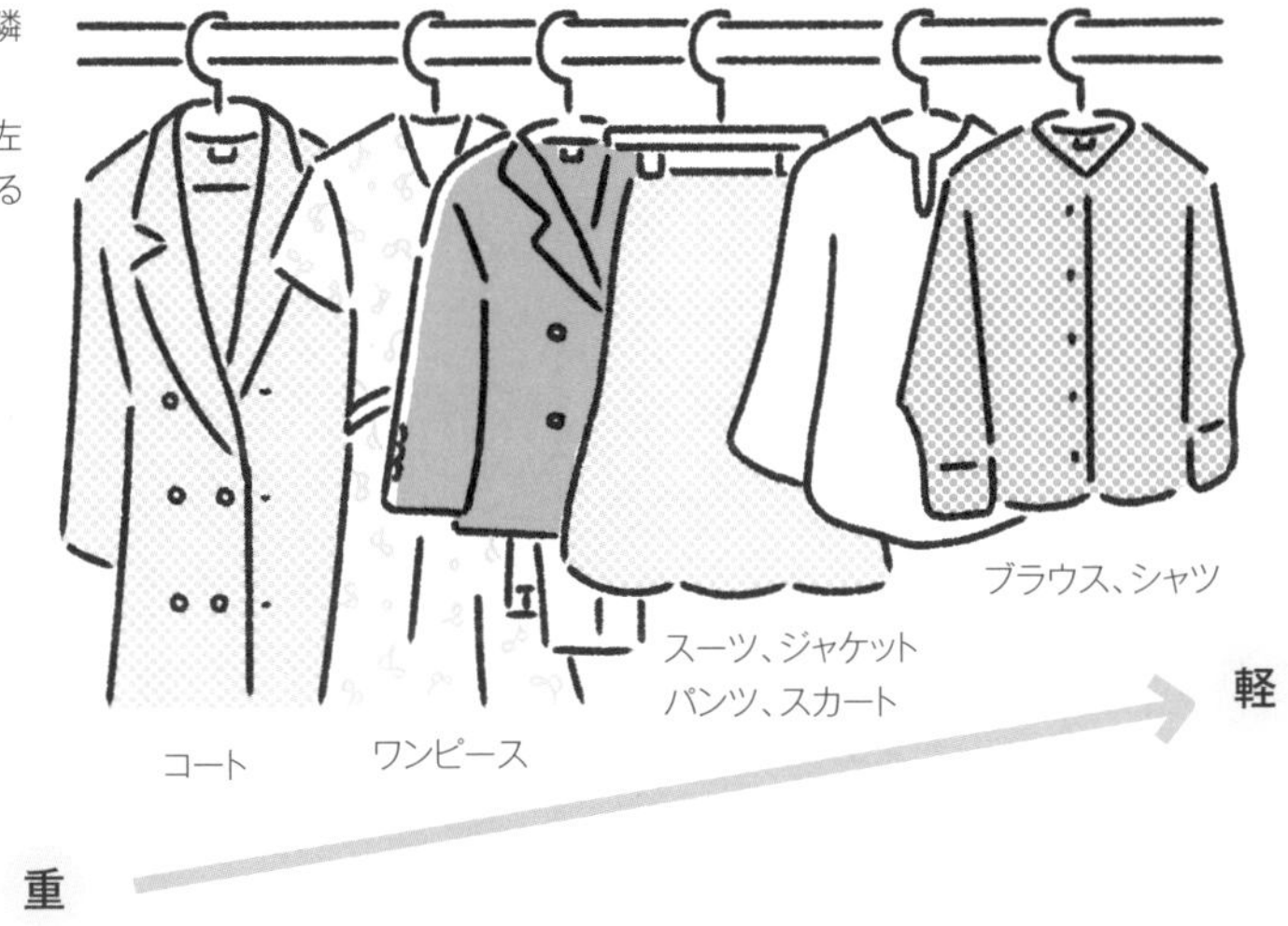

ブラウス、シャツ
スーツ、ジャケット
パンツ、スカート
軽
コート
ワンピース
重

引き出しに洋服をしまう場合

形別に分け、手前から奥へ、淡色から濃色へグラデーションになるとよい。
チェストなどでは、下段から上段へ重さが軽くなっていくようにする。

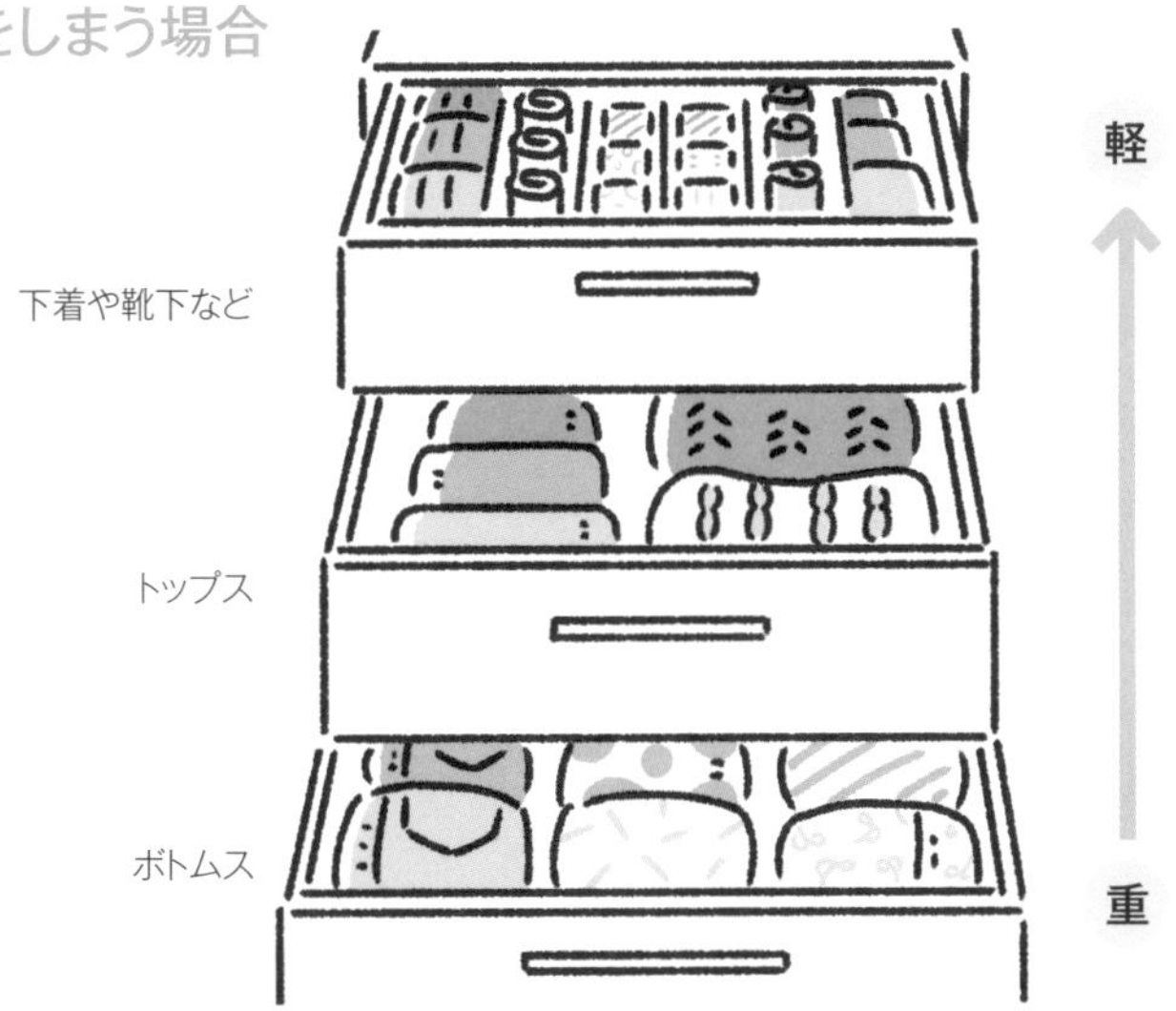

軽
下着や靴下など
トップス
ボトムス
重

自分を支え、守ってくれる靴下や下着は特別に扱いたい

新しいものを買い足しているのに捨てどきに迷って増えてしまうのが、靴下や下着類です。ストック分も含めて1カ所に集め、残すものと手放すものを選んでいきます。

穴があいていたり、大量の毛玉がついていたりする靴下を、今日はこれでいいかと思ってはくと、自分で1日を、その程度のものにしてしまうことになります。身体の重みを支える大事な足を守ってくれているのが靴下です。ときめく靴下を残していきましょう。

してはいけない収納は、靴下を左右重ねて履き口のところから裏返してまとめることと、ストッキングをキュッと結んで丸くすること。裏返された履き口は片方だけゴムが伸びて、靴下の寿命が縮んでしまいます。ストッキングも、結ぶことで生地が伸びてしまいます。

巻いたストッキングは、うず巻きが見えるように立てて引き出しに収納します。引き出しが大きい場合は、靴の空き箱に入れて仕切るのもおすすめです。この方法だと、ひと目で持っているものの数や色が把握でき、しわになりません。厚手のタイツは巻かずにたたんでもOKです。

KonMari's memo

パッケージから出す　靴下や下着などは、買ったときのパッケージから出して、すぐに使える状態で収納する。

外からは見えなくても、**直接肌に触れる下着は、ときめき感度を最大にして残すものを選んでいきましょう。**着用した自分に自信がもてるかを基準に考えると選びやすくなります。

下着を収納するときに心がけたいのは、特別扱いすることです。下着の扱い方はセルフイメージとも直結するので、箪笥のいちばん上や、特別なラタンのかごなど、できる限り素敵な収納場所を用意するのがおすすめです。

下着の扱い方を変えただけで、ほかのものの扱い方もぐっと丁寧になったという声をたくさん聞きます。片づけが終了したあとに、まっ先に買い替える人が多いのも下着です。ときめき収納の効果を感じるには、下着の収納から取り組んでみてもいいかもしれません。

靴下やストッキングのたたみ方

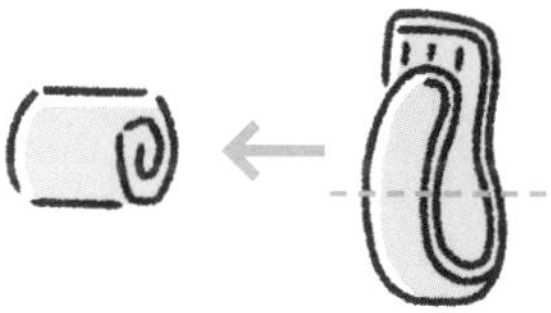

普通の靴下

左右を重ねて、縦半分に折る。さらに長さに合わせて、2、3回折り重ねる。

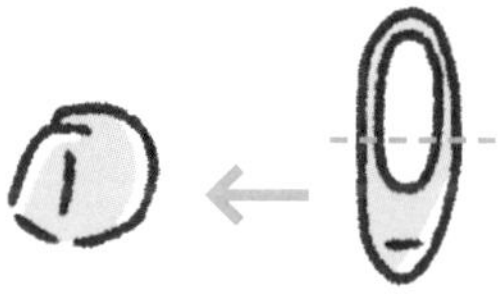

小さい靴下

スニーカー用の小さな靴下、いわゆるカバーソックスは、左右を重ねて、半分に折る。

ストッキング

前を内側にして半分に折る。つま先側から三つ折りにする。折り目からくるくると巻く。

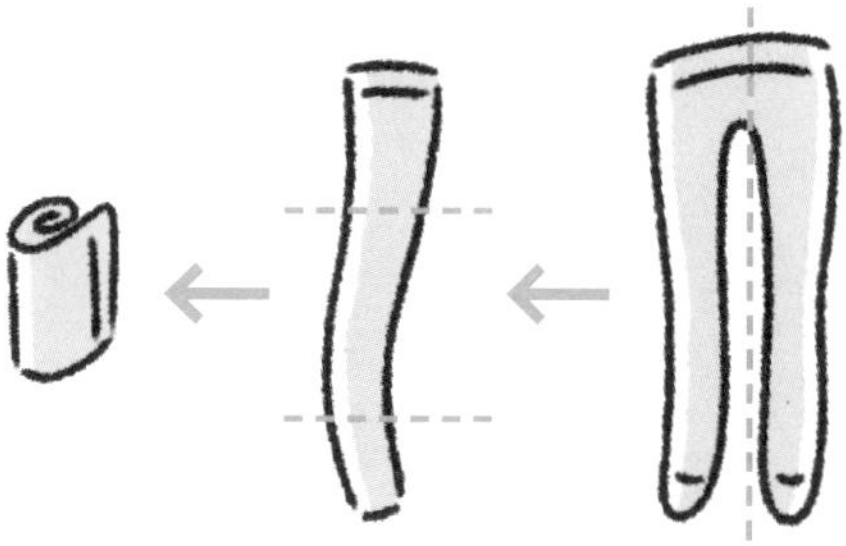

ファッション小物をチェックしたら、衣類の最後、靴を見極める

バッグや帽子、ネクタイ、財布なども、衣類のときめきチェックの流れで行っていきます。

バッグは新しいものを使っていても、手放せない古いバッグが部屋に置いてあることが多々あります。バッグの世代交代は、意識して行いましょう。

ときめくバッグだけを残したあとは、素材や大きさ、使用頻度が近いものを組み合わせて入れ子にして収納する、バッグインバッグ方式にすると省スペースになります。入れ子にするときは、1つのバッグに入れるのは最大2つまで。持ち手をすべて外に出した状態で（あれば、購入したときの袋に入れて）、クローゼットや押し入れに見える状態で立てて並べます。エコバッグなど柔らかい素材のものはたたんで、引き出しや箱などに立てて収納しましょう。

日常使いのバッグについて、私がおすすめしていることは、中身を毎日、空にする習慣です。ものを入れっぱなしではバッグが休めません。

箱を1つ用意して、これに財布や定期入れ、手帳などを立てた状態で収納します。そして、この箱を玄関からバッグの収納場所までの間にある、引き出しや棚などに置けば完了です。できるだけ、バッグの近くに収納したほうが便利です。

KonMari's memo

帽子　つぶれないように棚の上段にそのまま置く。ニット帽などは、たたんで箱やかご、引き出しに入れて収納。

こうすれば、街でもらったティッシュやくしゃくしゃのレシートなどが、バッグの中に入れたままにはなりません。バッグに何が入っているのかを毎日、把握できます。なにより、バッグの中をその日に必要なものだけにすることができます。余計な持ちものが減って軽くなるうえ、空にして休ませる時間があると、バッグの型崩れを防ぎ、傷みにくくもなるのです。

特に**財布は、あらゆる持ちもののなかでも別格に扱いましょう**。財布を大切に扱うと、無駄遣いが減って、お金を出すたびに感謝の気持ちが湧き、お金の使い方まで変わったりします。別格といっても、帰宅したら財布の中に入っているレシートを出して定位置に置くだけです。定位置に、特別感のある箱やかごを選ぶと気分が上がります。私は一時期、財布はお気に入りのハンカチで包んで、金運アップに効きそうなパワーストーンと一緒に箱に入れていました。

衣類の最後の片づけは靴です。靴も、玄関や下駄箱、押し入れなどに入っているものをすべて出して1カ所に集めます。新聞紙などを敷いた上にずらりと並べるといいでしょう。靴の空き箱は収納に役立つことがありますので、デザインが素敵なものや作りがしっかりしているものは、定位置がすべて決まるまでは捨てずにとっておくのがおすすめです。

無事にチェックを終え、ときめくと判断した**靴は、この機会にさっとお手入れするのもいいでしょう。試したいのは、靴底まできれいに拭くこと。心まですっきりするような、格別の爽快感にびっくりするはずです**。

KonMari's memo
ネクタイ 見た目が美しく、選びやすいように収納。ハンガーやポールなどに掛けるか、くるくる巻いて引き出しに並べる。

洋服は衣替えしない収納が理想。種類や形、素材ごとに分ける

四季のある日本では、6月と10月が衣替えの時期とされてきました。しかし、夏物と冬物を定期的に入れ替える作業は、なかなか手間がかかるものです。冷暖房設備が整い、温暖化で季節の変わり目がわかりにくくなっている今の時代には、衣替えをする意味も薄れてきているように感じます。

なるべく衣替えをしないですむよう、オンシーズンの洋服もオフシーズンの洋服も、普段からいつでも使える状態にしておきましょう。

実は、これは片づけのリバウンドを起こしにくくする方法でもあります。

衣替えをすると、奥にしまい込んだ洋服の存在を忘れて、新しい洋服を買ってしまったり、取り出すのが億劫で手近なものを着てしまったり、ということが起こりがちです。しかし、**衣替えをせず、常に持っている洋服を把握できる状態だと、きちんとそれらを活用できるうえ、余計な洋服を買うことを防ぐことができるのです。**

衣替えをしないことが前提の洋服の収納は、夏物、冬物というような曖昧な季節ごとの分類

KonMari's memo

衣替えの習慣 制服を着る人の制度として、6月から夏服に、10月から冬服に切り替えることで定着してきたもの。

ではなく、**洋服の種類や形、素材などのシンプルな分類をすることがポイント**です。

具体的には、Tシャツやカットソーなどのかぶり形、カーディガンなどのはおり形といった具合に、洋服の形で分類。それぞれ、コットン系、ウール系というように素材別に分けて、たたんで引き出しに入れていきます。形や素材で分けるのは、明確で簡単な方法です。

収納場所に余裕がない場合は、夏小物、冬小物だけ入れ替えるようにします。

夏小物は、水着や帽子、かごバッグなど。冬小物は、マフラーや手袋、耳あてなどです。

それでも収納場所が足りずに、衣替えがどうしても必要な洋服は、引き出し型の収納ボックスやふた付きのボックスに入れて、押し入れやクローゼットの奥にしまってもOKですが、くれぐれも存在を忘れてしまわないように工夫が必要です。ラベルを貼ったり、スケジュール帳に次の衣替えの予定とともに収納場所を明記したり。「衣替えするつもりが、忘れて1年放置」はものに対する重罪である、くらいの心づもりで注意しましょう。といいつつ、私もときどき忘れてしまうことがありますが、とにかく気をつけましょう。

こんまりメソッドでは、オフシーズンの洋服もなるべくしまい込まずに見える状態にすることをおすすめしています。奥にしまい込んで半年ぶりに取り出した洋服は、光や空気が足りずに息苦しかったのか、私にはなんとなく弱っているように見えます。**いつも光や空気に触れている洋服のほうが、ときめきも持続する感覚があるのです。**

KonMari's memo
ふた付きの収納ボックス　ふたの上にものを置きがちで、取り出すのが億劫になってしまうので、使うときは要注意。

衣類の次は本類へ。家じゅうのすべての本を1カ所に集めるのが肝

衣類の次は、本類の片づけに進みます。

本棚ほど、その人の思想が如実に表れるものはありません。夢や願望、憧れやコンプレックス、問題意識…。本棚は、自分の頭の中をそのまま具現化した存在といえるのです。

ここで**考えたいのは、あなたの本棚は、「今の自分」にフィットしているか**、ということ。昔、興味があったことや、かつて求めていたものなど、古い自分をいつまでも本棚にとどめたままにしていませんか。**今の自分の感覚とのズレを感じるなら、まさに片づけどきです。**

「今、ときめきを感じる本」、「しっくりくる本」だけを選び、古い思考やいらなくなった思いを脳から1枚ずつ剥がすイメージで、役目が終わった本を手放していきましょう。

片づけの手順は衣類と同じです。持っているすべての本を、1冊残らず集めます。本棚から本を取り出して床に積むのは大変ですが、ぜひ飛ばさずに行いたい作業です。

本棚に入れたままの状態で、背表紙だけ見て判断すればいいのではないかと考えるかもしれません。しかし、収納されたままで長く動かされていないものは、気配が消えていて寝ている状態にあります。つまり、風景に同化してしまい、見えているようで見えていないのです。**ときめきを感じて残すのか手放すのかの判断をする場合は、手間を惜しまず収納から全部取り出**

【本類】

し、起こしてからでないと始められません。

床に積んでいた本は、少し場所をずらしたり、種類別に積み直したりすると、動かして風を通すことが刺激になり、本が起きるので選びやすくなります。実際に私は、積んである本の表紙を軽くたたいたり、本の山に向かって柏手のようにパンッパンッと手を打ったりして、本を起こす作業をしています。これはちょっとしたおまじないのようなものですが、そうすることで本を選ぶスピードと精度が、まったく違ってくるから不思議です。

・一般書籍（小説、ビジネス書などの読み物系）
・実用書（参考書、レシピ本など）
・観賞用の本（図録や写真集など）
・雑誌

本の分け方はこの4つです。そのほかにも、マンガや旅行ガイドなど、自分が持っている量が多い本のジャンルに応じて種類分けをしてもいいでしょう。比較的数が多そうな一般書から順に進めていくと、達成感が得られやすく、やる気が持続する効果が得られます。自分が選びやすい種類の本からチェックしても、もちろん構いません。

本棚からアルバムや卒業文集、日記などが出てきたら、本類ではなく、思い出品のカテゴリーに入れます。思い出品の順番がきたら判断しましょう。

本も触って、残すものを選ぶ。読みながら決めるのは絶対に避けて

1冊1冊手に取って、残すか手放すかを判断していきます。基準は、触った瞬間にときめくかどうかです。中身は読まずに表紙やタイトルを見て、触るだけで判断するのが基本です。

本の山の中には、役割を終えた本がたくさんあるはずです。存在すら忘れていた古い本や、変色などでときめかない本は手放しましょう。自分にとって大切な殿堂入りの本は、もちろん迷わずにキープ。**ときめく本だけが並んでいて、自分がワクワクする本棚をイメージします。**

触っただけではどうしても判断できない場合は、目次だけを眺めてみる、10秒だけパラパラとページをめくってみるなど、自分なりの目安を決めて作業します。ただし、**読み込むことは絶対に、避けてください。チェックが進まなくなります。**

マンガや小説など数巻がセットになるシリーズ本は、タイトルごとに積み上げます。抱きつくように全巻を触ってみたり、いちばん上の巻だけ手に取ってみたりするといいでしょう。

写真集やカタログなどの観賞用の本や雑誌などで、一部の写真や記事にときめく場合は、必要な部分だけを切り取るという手があります。

KonMari's memo
旅行のガイドブック　情報には鮮度がある。迷ったら、「本当に行く？ いつ？」と自問自答して、いちど手放すのも手。

本を手放せない理由で多いのは、いつか読み返すかもしれないというもの。「前に読んだのはいつ?」「読んだあとに、何か生活習慣や行動を変えた?」と考えてみてください。実際に何度も読み返していて、ときめく状態が続いている本は残すべき殿堂入りの本です。

最後まで読み終わっていない本、買ったけれど読んでいない本は、圧倒的に捨てにくいものです。しかし、**いつか読もうと思っている、そのいつかは、永遠にやってきません**。人にすすめられて買った本、ずっと読もうと思っていた本も、長期間放置しているのなら、読みどきを逃してしまっています。**結局読まなかったのなら、読む必要がなかった本ともいえます**。途中まで読んだ本は、途中まで読まれることがその本の役割だったのかもしれません。

読書の時間は有限です。**自分にとっての旬が過ぎてしまった本は潔く手放して、今読みたい本を手に取るほうが、ときめく時間を過ごせると思いませんか**。

心からときめく本だけを残したら、収納もとびきりこだわりましょう。

収納場所は、本棚、カラーボックス(押し入れやクローゼットに入れて使う)、押し入れ用のスライド本棚、納戸、シューズクローゼット(ひとり暮らしの場合に多い)など。平積みせずに立てて並べます。小説や実用書、雑誌などの種類ごとに収納するのが基本ですが、マンガゾーンや哲学書コーナーを作ったり、お気に入りの殿堂入りの本だけを集めた1段を作ったり、好みのジャンルで分けたりするのもおすすめです。自分だけのときめき書店を作るつもりで楽しんでください。

KonMari's memo

勉強本 英語の本、資格取得の参考書など。「しなければ」の義務感で苦しいなら処分。残すなら、勉強の予定を具体的に立てて。

本棚をさらにレベルアップさせる裏技は、本の帯を取ることです。文字情報が多いと感じる帯を取るだけで、本棚はすっきり。もちろん、デザインが好きな帯はそのまま残します。ジャンル分けした本は、高さを右肩上がりにしたり、色がグラデーションになるように意識して並べたり、見た目にもこだわって収納すると、より本棚に愛着が湧きます。

「同じカテゴリーのものは1カ所に」が原則ですが、レシピ本だけはキッチンに置く、子どもがよく読む絵本はリビングに置くといったように、**使う場所が限定されている本を分けて収納することは問題ありません**。その際は、必ず定位置を決めましょう。

最後に、本の手放し方について。居住

本棚をさらにときめかせる裏技

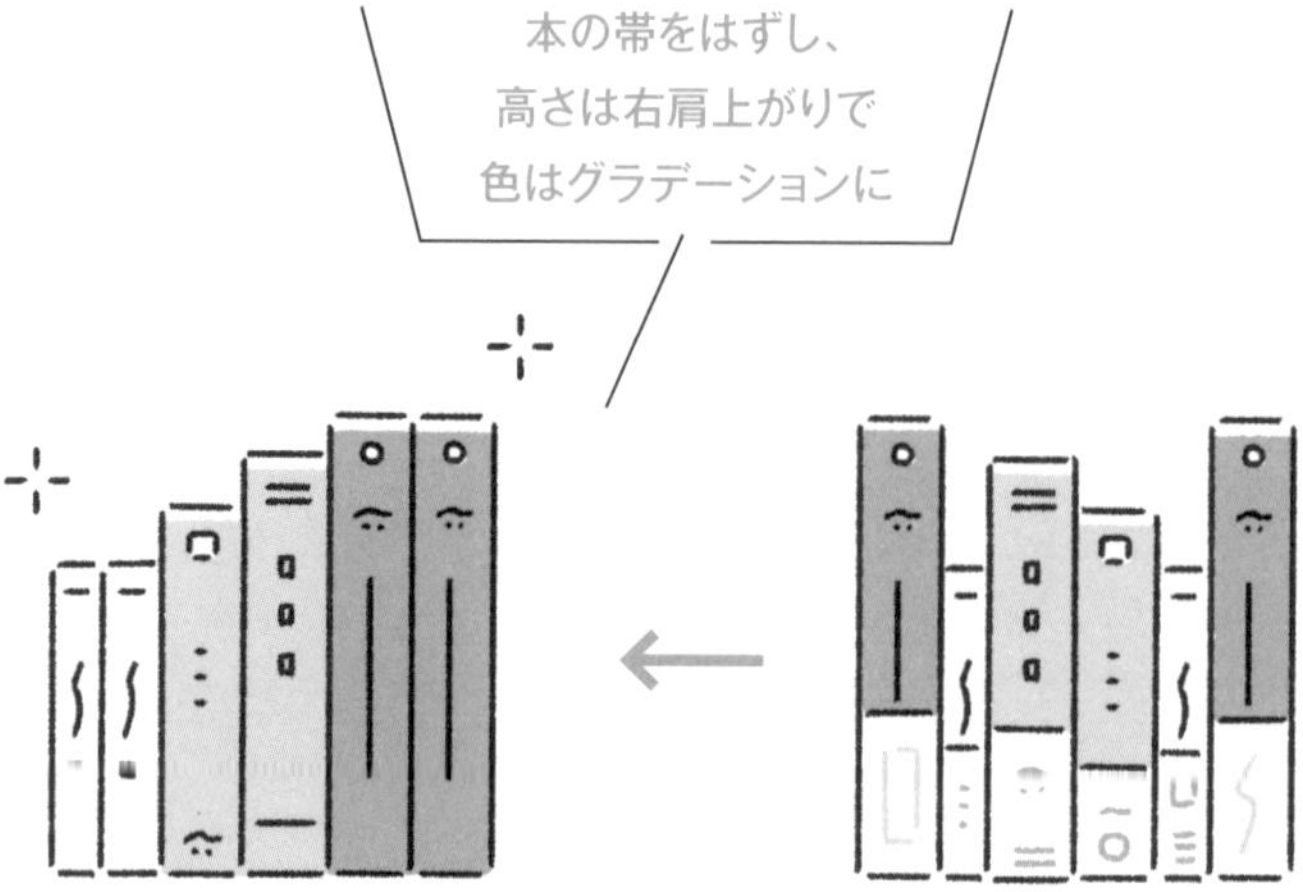
本の帯をはずし、
高さは右肩上がりで
色はグラデーションに

片づけ後

本の帯がなく、高さも色もグラデーションになるよう並ぶと、眺めるだけでも美しい！

片づけ前

ルールがなく、無意識に並べられた本棚。雑多で、探しにくい印象。

地域のルールに従って資源ごみに出す以外にも、中古買い取り業者に持ち込む、出張買い取りサービスを使う、フリマアプリで売るなどの方法があります。

大事なのは、なるべく速やかに手放すこと。

本は物体としての重さ以上に、多大な情報のエネルギーを含んでいます。不要な本がたくさんある状態では、家全体にもったり重くなる感じが残るので、片づけ効果は半減。**本の片づけが終わったら、スムーズに家の外へ出す行動もセットで考えましょう。役目が終了した本が家からなくなると、たちまち家の空気自体ががらりと軽やかに変わることに、きっと驚くはずです。**

本を整理することですっきりするのは、本棚だけではありません。

これまで興味があったこと、昔から変わらない自分のときめき、これからしたいこと、学びたいこと。今、自分に必要なのはどんな情報で、そのためにどう行動したらいいのか。頭の中の思考が整理され、人生の行動指針さえもすっきりとクリアになるのです。

書類は必要なものを見極めながらも基本、捨てる前提で仕分けしていく

本の次に取りかかるカテゴリーは、書類です。

書類の定義としては、紙に情報が書かれたもので、本でも雑誌でも文房具でもなく、思い出品にも該当しないもの。カタログや取扱説明書のような小冊子も含めます。

情報はデータで集めることも増えましたが、まだまだ紙で届く情報も多くあります。1枚1枚は薄くても、意識的に処分しないと、あっという間に溜まってしまいます。

片づけの基本どおり、家じゅうから自分が管理している書類を1カ所に集めます。ダイニングテーブルやテレビ台、キッチンカウンターなどの上を始め、家の中にはいつの間にか書類が溜まってしまう吹きだまりポイントがあります。そのような定位置が決まっていない書類から、引き出しや収納ボックス、ファイルなどにしまっている書類まで、すべて取り出します。

具体的には、以下のような書類があります。

・郵便物、ダイレクトメール
・家電の取扱説明書、保証書
・契約書類（保険証書、土地の権利書など）

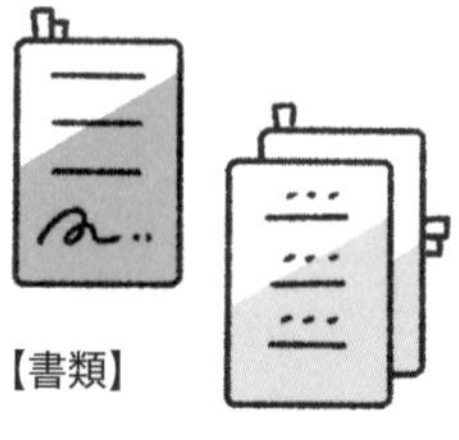

【書類】

・仕事関係の書類（仕事のマニュアル、セミナー資料など）
・経理・家計の書類（クレジットカード明細書、レシート、領収書など）
・趣味の書類（新聞・雑誌の切り抜き記事など）
・名刺

ほかに、子どもがいる家庭では、学校関連のプリントやメモ書きなどがあります。

本類は中身を見ないで判断しましたが、書類はそういうわけにはいきません。1枚ずつ書いてある情報を精査する必要があります。封筒に入っている書類も、必ず中身を出してチェックしましょう。広告などのいらない書類が、かなりの確率で見つかるはずです。

書類の片づけの基本は、どれだけたくさんの量があっても、捨てる前提で見ていくこと。書類は洋服や小物と違って、ときめくから家に連れてきたものではなく、勝手に入ってきてしまうものがほとんどです。しかも、1枚ずつのボリュームは薄いので、これくらいいいかと気軽に残してしまいがち。積極的に手放さないと、家の中にときめかない重しがずどんと溜まってしまうのです。**「全捨て前提」というと極端ですが、それくらいの強い姿勢で見極めると、本当に必要な書類だけを残すことができます。**

残すべき書類は大きく分けると、2種類あります。それは「保存」か「未処理」かです。

保存の書類は、契約書や繰り返し見たい資料など、その名のとおり保存するべき書類です。

KonMari's memo

DMを溜めない工夫 ダイレクトメールは、受け取った日に目を通して処分するのが理想。不必要なものは解約手続きを。

未処理の書類は、中身を確認したら捨てる広告、返信が必要な手紙、支払い予定の振り込み用紙など。なにかしら処理をしなければいけない書類があてはまります。

保存と未処理の書類で（もちろんどちらも重要ですが）、**片づけのキーとなるのは、じつは「未処理の書類」のほう。**なぜなら、未処理の書類とは、人生の未処理事項だからです。未処理の書類が山積みということは、「人生のやり残しが山積み」だともいえるのです。

未処理の書類は、片づけ中は「未処理ボックス」に入れておき、後日一気に処理をする、という手順がおすすめです。**未処理の書類をすべて処理すると、人生のやり残しがすべてなくなった！と思えるほどの爽快感を味わえます。**

保存する書類は、用途ごとに分類します。おすすめは、使用頻度が低い契約書類は、シンプルにひとまとめにクリアファイルに入れること。契約書類とは、保険証券や家電の保証書や賃貸の契約書など。ここにある、ということさえわかればいいので、あまり収納を頑張らずともクリアファイルかファイルボックスに、ひとまとめにして入れておけばＯＫです。

収納にこだわりたいのは、数少ないときめき系の保存書類です。たとえば、繰り返し見たいセミナー資料や、趣味関連の切り抜きなど。好きな色のクリアブックやお気に入りのファイルに収納したり、表紙をデコレーションしたりして、見返すのが楽しくなる工夫をしましょう。

KonMari's memo

未処理の片づけ 「未処理を処理する日」を決めて、スケジュールに入れ、一気に片づけてしまうことがおすすめ。

書類の片づけは、はっきりいって地味な作業ですが、そのすっきり効果は抜群です。書類をあたふた探すストレスから解放され、必要なときにすぐ取り出せる状態になると、頭の中も軽やかに。**時間にも動作にも無駄がなくなり、いいことずくめです。**

自宅で仕事をしている人は、**仕事用と家庭用の書類は分けて取り組みます。**ここでは家庭用だけを仕分けして、仕事用はCHAPTER4でチェックしていきましょう。

残す書類はボックスに入れる

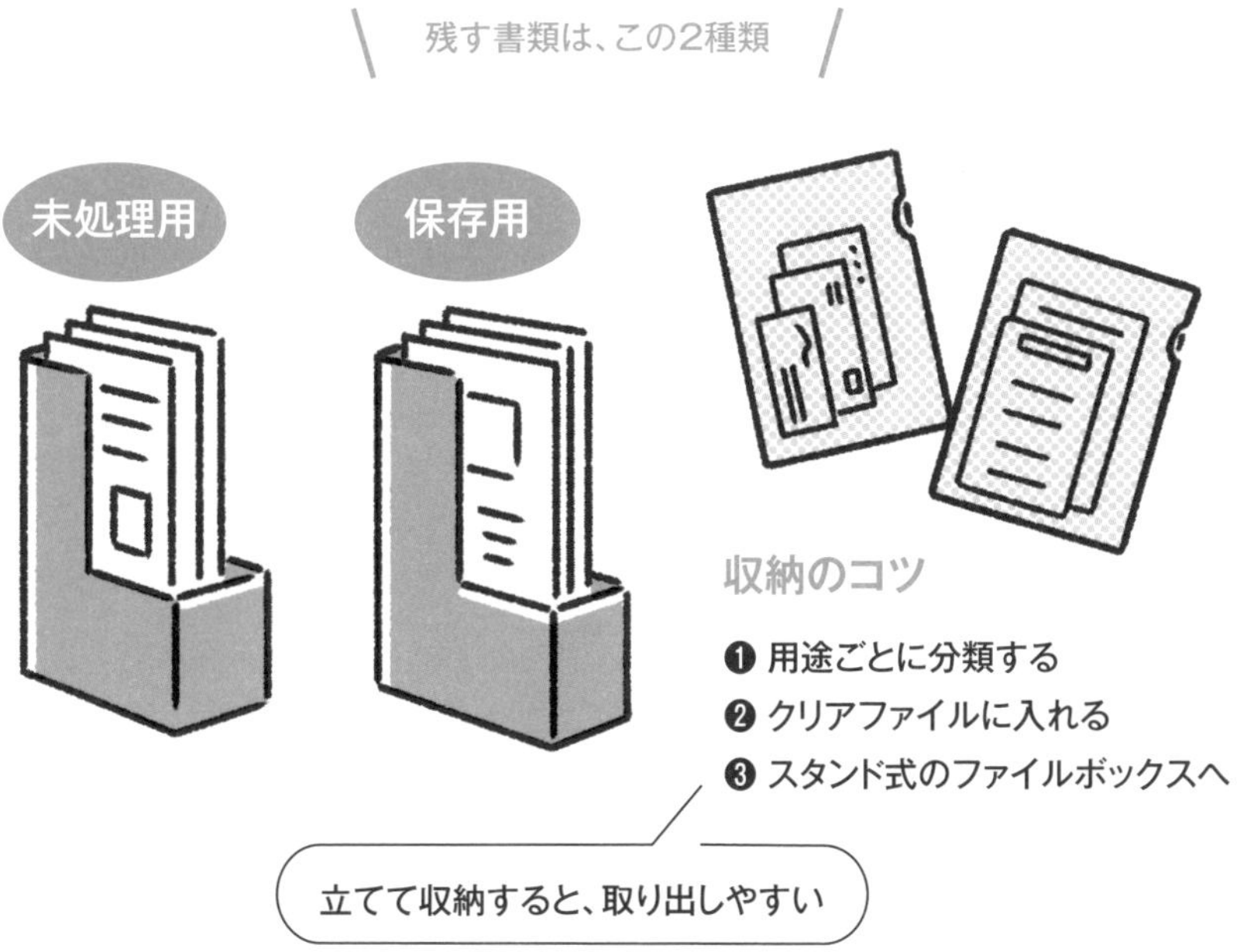
残す書類は、この2種類
未処理用
保存用
収納のコツ
❶ 用途ごとに分類する
❷ クリアファイルに入れる
❸ スタンド式のファイルボックスへ
立てて収納すると、取り出しやすい

保証書、明細書、領収書…。やっかいな書類の仕分けの方法

ここでは、捨てづらい書類や迷いやすい書類の仕分け方法を考えましょう。

電化製品などの保証書、取扱説明書

私のおすすめは、クリアファイルにまとめて入れること。期限切れの保証書は随時、処分していくと、増殖を防げます。購入時の領収書が必要な場合は、保証書と一緒に保管します。取扱説明書は、読む機会がほとんどなく、処分しても困らなかったという人が大半でした。

クレジットカードの明細書

不正利用がないかをまず確認します。確定申告で使う人は、申告時期まで保管してください。最近は、メールやインターネットで利用金額の明細が確認できるようになりました。書類を増やさないためにも、インターネットサービスに切り替えることはおすすめです。

給与明細、使用済みの通帳

給与明細は、一般的には金額や記載内容を確認した段階で役割は終了。確定申告などで使う場合、年金や所得税や住民税などの確認に必要な場合は、ケースに応じて保管しておきます。

KonMari's memo

給与明細　頑張った証として、給与明細を取っておきたい場合は、ときめくグッズとして箱やファイルに保存するのも手。

経理・家計関係の書類は、保存しておく年数分を決めて、それ以前のものは処分するルールを作ると増えすぎません。

公共料金の利用明細書、医療費などの領収書

電気やガスなどの利用明細書は、何月にいくら使ったのか、家計簿などに書き写したら役割は終了です。昨年と比較したい場合は1年分を残すなど、ルールを決めます。

1年間で使った医療費が一定額以上なら医療費控除ができます。医療費の領収書は1年分を取っておき、確定申告に使わなければ処分します。

名刺

顔を思い出せない人の名刺は手放します。連絡しようと思っている人のメールアドレスは、その場でスマホやパソコンにメモしておけば、名刺は不要になります。

残った名刺の情報はデータ化がおすすめ。写真を撮るだけで名刺のデータを読み込んでくれるサービスもあります。一方で、憧れの人の名刺など、ときめくものは取っておきます。

手放す書類には、自分のところにさまざまな情報を届けてくれたお礼を伝えてから処分しましょう。**書類の片づけは頭を使いますし、ときめき判断だけでは済まないこともあるので少々大変ですが、片づけ終えたあとの達成感はかなりのもの。なにより、その後の生活がぐっと楽になるのです。**ここが踏ん張りどころだと思って、頑張っていきましょう。

KonMari's memo
セミナー資料 セミナーは、受講時の高揚感や学んだ内容を活かすことに価値がある。ときめく資料のみ残そう。

非常に種類が多い小物たちはものごとに分けることから始める

次は小物類です。該当範囲が広く点数が多いので、片づけようとしたとき、途方に暮れてしまうかもしれません。しかし、細かい種類に分けて考えれば、さほど労力はかかりません。種類ごとに1つずつ整理を進めていけば、必ず終わります。

小物の片づけは、引き出しや棚だったり、キッチンや寝室だったりと場所別に作業しがちです。すでに、種類ごとに収納が分かれていれば問題ないのですが、要注意なのは収納が分散している場合。同じ種類のものを何度も片づけすることになり、ときめくものを選ぶ集中力が途切れてしまいます。種類ごとに片づけることを意識することが大切です。

片づける順番は、自分が選びやすいものから。一般的に小物というと、家族共有の文房具や工具類のほか、リビングに置いてあるものをイメージしますが、私のおすすめは、個人的な小物の片づけから始めること。

たとえば、時計やアクセサリー、趣味のガジェット類などです。より日常的でときめきに直結しているものから片づけをすることで、片づけの効果を実感しやすく、モチベーションがアップします。

【小物類】

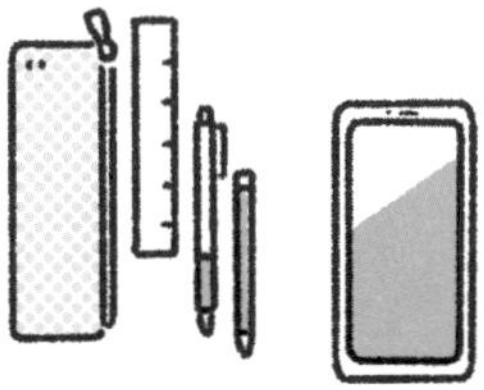

進め方の基本は、「種類ごとにすべて集める」「ときめきチェックをしながら、さらに細分化する」「種類ごとに仮の収納置き場を作る」の3ステップです。小物は種類ごとに引き出しや箱にしまうとわかりやすいので、片づけをしている途中に出てきた収納グッズや空き箱はとっておきましょう。

一般的な小物の種類は、以下のとおりです。

・貴重品（印鑑、通帳、カード類）
・電気系小物（パソコン、スマホの周辺機器、コード類など）
・アクセサリー・時計類
・スキンケア用品
・メイク用品
・文房具類
・生活用品①（洗面用品、掃除・洗濯用品、タオル、消耗品のストックなど）
・生活用品②（薬類、裁縫道具、工具類など）
・キッチン用品、食料品
・イベント系小物（季節の飾り物、レジャー用品など）
・趣味の小物
・その他

KonMari's memo 電気系小物 コードや充電器とセットの小型機器は、ポーチにまとめて入れるとよい。電卓や電子辞書は文房具類と一緒でも。

これらの定番カテゴリーのほかに、CD・DVD類や趣味でコレクションしているもの、習い事の道具やペット用品なども個別でまとめてください。

残す小物の基準は「ときめいて役立つもの」「使い道がないけれどときめくもの」「ときめきに関係なく必要なもの」です。

小物を整理しているときに、写真や手紙が出てきたら、思い出品に回します。小銭が出てきたら、見つけ次第、財布に入れましょう。お金は使うことで本来の役割を果たせます。

貴重品

貴重品に分類するのは、現金や通帳、印鑑、商品券のほか、クレジットカード、

たとえば、こんな小物を残したい

ときめきに関係なく
必要

銀行の通帳とキャッシュカード

持っていても気持ちの上がり下がりはないが、生活のなかで重要。ないと、生活に支障が出るものなど。

使い道がないけれど
ときめく

イヤリング・ハート形の箱

収納向きではない形の箱や片方しかないイヤリング、というように、大好きなものだけど、実用的ではない。

インテリアとして飾ったり、ひと工夫施して活用したり…。自分ならではの使い方を。

ときめいて
役立つ

腕時計・タブレット

好きな形やブランドのもの、趣味のものなど持っているだけで気分が上がるうえに、暮らしのなかでも自分のために活躍してくれる。

ポイントカード、診察券やショップカードなどのカード類、パスポートや年金手帳などの公的証明書などです。残す貴重品は、**ときめきはもとより実用性を優先。1つずつ手に取り、よく見て必要かどうかを確認**します。使用期限が切れたカードは処分し、換金したい商品券は未処理ボックスに入れて、後日、金券ショップに持って行きましょう。

貴重品は、その名のとおり価値があるものなので、ほかの小物より敬って収納することを意識してください。箪笥のいちばん上の段にうやうやしく収納したり、プラスチックの引き出しに入れる場合も木の箱で収納場所を区切ったりして、〝きちんとした感じ〟で収納すると、しっくり感があるのです。スペースがない場合は、ときめくポーチにまとめてコンパクトに収納するのもいいでしょう。

持ち歩かないカード類は、名刺サイズの箱などに立てて入れたほうが収納の効率がよく、取り出しやすいのでおすすめです。

通帳と印鑑は一緒に収納しておくと防犯上心配なので、どちらかを別の場所に収納します。

家の中で使う頻度が高い生活用品のチェックと収納

普段使いの生活用品も小さな工夫を積み重ねると、家の中の心地よさがアップします。

リネン類・タオル

シーツや枕カバーなどのリネン類は、においも要チェック。未使用で収納されたままでも、予想以上ににおいが染みついている場合があります。古いものは感謝を込めて手放しましょう。タオルはサイズで分け、四角くたたみます。引き出し収納であれば立てて、オープンな棚であれば積み重ねて収納しても構いません。タオルは直接肌に触れるものなので、日常のときめきに直結するもの。がさがさしすぎるものは手放し、できる限り心地よいものを使います。

掃除・洗濯用品

アイテムを厳選し、ストック数を絞ることが大切。収納用品を籐のかごにしたり、白で揃えたり。収納のこだわりで絶大なときめき効果を得られるので、奮発する価値があります。

布団類

布団や枕、毛布、座布団も、この機会にときめく必要数を考え直しましょう。収納しきれな

KonMari's memo

文房具 あらゆる小箱やトレイを駆使して仕切り、立てて収納。毎日使うペンこそ、最大級にときめくものを。

い布団がある場合は、お気に入りの布などをカバーとして掛けるのがおすすめです。

薬類・ケア用品

使用期限をチェック。収納は、とにかく立てる、箱で仕切るのがポイント。薬箱が必要なピンチの場面でも冷静に使えるよう、整然と見渡せる収納を心がけます。量が少なければ、ポーチに入れてもＯＫです。

趣味の小物（習いごとのもの、コレクションしているものなど）

かつて夢中だったものも、熱が冷めたものは手放します。残すものは、特別なスペースを確保して、最高にときめくディスプレイを考えて。判断が難しい場合は、思い出品に回します。

冠婚葬祭用品

数珠やふくさなど冠婚葬祭のときしか使わないものは、ほかのものとのセット収納がおすすめ。アクセサリーや貴重品類、衣類小物などを収納した引き出しの奥に入れるのが定番です。

防災グッズ

賞味・使用期限切れの非常食や医薬品は入れ替え、懐中電灯やラジオが使えるかをチェック。買ったままの家具転倒防止グッズがあれば、この機会に取り付けます。非常持ち出し袋の定位置は、玄関近くの納戸や押し入れの一画が定番。家族全員で収納場所を確認しておきましょう。

KonMari's memo

傘 雨傘、日傘、折り畳み傘と、何本持っているかをまず、数えてみる。ビニール傘は使えるかどうか、広げて判断。

美しく使いやすい場所へ。キッチンにあるものもすべて総ざらい

キッチンにあるものも、小物類のカテゴリーです。

食器・カトラリー類

ときめく食器こそ普段使いに。しまいこんでいるお客さま用の皿などもどんどん活用しましょう。人からもらって箱のまま収納している食器もすぐ出して、食事タイムのときめき最大化を。収納は、ガラスと陶器などの素材別にしたうえで、グラスなどの飲む系と、皿などの食べる系にエリア分けします。カトラリー類は、コップなどの筒状のケースに立てるか、引き出しの中でアイテムごとに仕切って、ゆったり寝かせて収納するのが理想です。

調理道具・調理用具

使用頻度の盛衰がはっきり自覚できるのが調理器具。定番の仲間入りしたものは堂々と取っておき、一時の流行りで使っていたものは、そろそろ手放しどきです。ボウル同士、鍋同士など、同じ形のものはなるべく重ねて、収納空間の高さを最大限に活用。鍋のふたは、コの字型のブックスタンドなどを利用して立てて収納するとすっきりします。

KonMari's memo

紙袋「いくつある？ この1年で使った数は?」。ファイルボックスに入れるなど収納場所の上限を区切り、過剰ストックを防止。

食品類

チェックするべきなのは、消費期限・賞味期限。古いものは迷わず処分するのが基本ですが、缶詰は賞味期限2カ月後まで大丈夫などのマイルールがあれば、それに応じて残してもOK。期限切れ間近な食品がたくさんあれば、この機会に一気に使ってしまいましょう。

収納するときは、乾物系、レトルト系、缶詰、調味料などに分けます。立てられるものは立てて収納し、期限が近いものは手前に。ひと目で在庫管理できる状態にします。

その他

タッパーなどの保存容器の収納は、重ねられるタイプならふたと本体を別々にします。本体は重ね、ふたは立ててまとめて箱に収めると、収納効率がアップします。

ラップやアルミホイルなどの消耗品は、商品の文字が丸見えだと生活感が出すぎてしまうため、なるべく隠した状態で収納するのが、ときめき度を上げるコツです。

キッチンのスポンジは強めに絞って水を切り、洗剤の容器は濡れたらすぐに拭いて水垢を防止します。乾いたらシンク下などに収納できる定位置を作っておくと、すっきり見えておすすめです。

キッチン小物を片づけていると、「なぜここに?」という謎の配置や、日々感じていた使いにくさの原因に気がつきます。今までそのままにしてきたキッチンの違和感を、ときめき仕様に変えるチャンスです。片づけたあとは、キッチンを使うのが今よりもっと楽しくなります。

KonMari's memo
レジ袋 空気を抜きながら長方形にたたんで、洋服と同じように箱に立てて収納すると、増えすぎるのを防げる。

思い入れがあるものはいちばん最後に。過去の自分としっかり向き合う

いよいよ片づけ祭りのクライマックス、思い出品です。

思い入れのあるものだけに、残すか手放すかの判断がもっとも難しいカテゴリーですが、安心してください。これまでの流れで片づけ祭りを進めてきたのなら、あなたのときめきの判断力は十分に磨かれています。きっと、触った瞬間に残すべきかどうかの判別ができることに自分でも驚くはずです。

それでも、思い出がたくさん詰まったものは、手放すと大事な思い出までが消えてしまうような気持ちになって、なかなか手放す決断ができないものです。しかし、本当に大切な思い出は、ものを手放しても心の中に残っています。

片づけは、1つ1つの過去に片をつけていくこと。**思い出品の片づけは過去を捨て去る作業ではなく、思い出と向き合い、これからの人生に活かしていくためにするもの**です。

思い出品には、次のようなものがあります。

・学校の思い出（通知表、卒業証書など）
・恋人の思い出（手紙、写真、プレゼントされたものなど）

【思い出品】

・思い出の録画・録音（ビデオテープ、カセットテープ、DVD、CD－Rなど）
・人生の記録（日記、家計簿など）
・手紙（はがき、季節の挨拶状も含む）
・子どもの作品（絵、工作など）
・写真（アルバムも含む）
・その他（ほかのカテゴリーから思い出品に回したものなど）

思い出品の片づけでしてはいけないことは、段ボール箱に入れた思い出品を、丸ごと実家に送ること。自分の手の届かないところに置いて、過去の自分と向き合う機会を逃したままでは、いつまで経っても片づけ祭りは終了しません。

どうしても手放せないと思ったら、堂々と残しておきましょう。向き合うと辛くなるなど、心理的な負担が大きすぎる場合は、1つの箱などにまとめておき、無理に手放さなくても構いません。時間が経てば、なぜそんな気持ちになるのか、掘り下げてじっくり味わって判断できる日が必ずやってきます。

思い出品を手放す場合は、特別な封筒に入れて手放す、紙袋に入れる、粗塩をひとつまみ入れる、感謝と封筒に書くなど、心が少しでも軽くなる方法を考えてみてください。**ポイントは、いつもより少し丁寧に手放す**こと。お別れの儀式のような気持ちで取り組んでください。

KonMari's memo
思い出品チェックの進め方 自分だけが関わる、数が少ないものから行うとスムーズ。家族や恋人などが関わる写真は最後に。

思い出品は、片づけ祭りの総決算。じっくり見て読んで、味わい尽くす

この項では、思い出品の片づけの仕方を種類ごとに見ていきましょう。

学校の思い出

漫然とすべて取っておくより、心に残るものだけに絞ると思い出は振り返りやすくなります。通知表は印象的な1枚のみを残す、卒業証書は小中高大を1本の筒にまとめる、トロフィーも特別な1本に厳選するなど。制服は、いちど着てみるとハッと我に返って手放せます。

恋人の思い出

以前**付き合っていた人との思い出品は、断然、手放し推奨派です**。「昔の恋人の思い出品を全捨てしたら新しい出会いがあった！」という体験談が本当に多いからです。相手を忘れられないのなら、なおさらこの機会に処分を。大切なのは過去の思い出ではなく、過去の経験を経て、今存在しているあなた自身。ものにも思い出にもさっぱりお別れして、次にいきましょう。

写真

たとえ段ボール10箱分の写真が目の前に積まれていても、今のあなたなら恐るるに足りませ

KonMari's memo
思い出の録画・録音 ハードディスクなどの記録メディアに格納。または外部サービスを利用して、再生できるデータに。

ん。ここまでの片づけ祭りをやりきったあなたの判断力は、過去最強レベル。選別できるスピードに自分でも驚くはずです。似た構図の写真は1枚だけ残し、ピンとこない風景写真は潔く処分。古いネガフィルムも手放してOKです。

家族写真は、家族で一緒に片づけることをおすすめします。思い出を一緒に振り返ることで、家族の絆が深まります。残った写真を年代順に並べてまとめると、マイベストアルバムができます。特にお気に入りの写真は、写真立てに入れて部屋に飾り、普段から堪能しましょう。

写真を処分するときは、2枚の写真を中表に重ねたり、透けない紙袋や封筒に入れると罪悪感が軽減されます。なかなか手放しにくいものは、お清めの粗塩を少し入れるのも効果的。

思い出品については、じっくり見たり、読み返したりしてから判断してもOKです。**思い出品を納得して手放せるようになるポイントは、味わい尽くすこと**。使えるものは日常で使い、眺めるものは専用の箱を作って、時折見返してみてください。「この思い出は十分味わった」と感じられるようになり、心おきなくお別れができるようになります。

思い出品の片づけは、人生をリセットし、次の一歩を踏み出すための「片づけ祭りの総決算」です。片づけを終えたあとのあなたの家や部屋にあるのは、厳選された大切なものだけ。残したものの定位置を決めていけば、いよいよ片づけ祭りは完了です。ここまで頑張ってきた自分を、精一杯ねぎらい、いたわる時間をとりましょう。

KonMari's memo 人生の記録 手帳や日記などは、残すならいつでも振り返れる状態にする。最高にときめく年のものだけを残すのもおすすめ。

家の中にあるすべてのものの定位置を決めると、リバウンドしない

家の中で、気がつくといつの間にかものが溜まってしまう場所はありませんか。玄関の下駄箱の上や、ダイニングテーブルの上、箪笥の上など。それから、本棚の縁や、ソファや椅子の背…。

片づけをして、ときめくものを選びきったとしても、うっかりすると散らかってしまう原因はたった1つ。定位置が決まっていないものがあるからです。

どんなにすっきり片づいた家でも、定位置不定のものが1つでも発生したとたん、ものがものを呼ぶのか、その周りには、たちまちものが集まってきます。私はこれを、古きよき昭和のお笑い番組になぞらえて『定位置ないョ！全員集合』現象と呼んでいます。ものが集合したところで楽しいコントが始まるわけではなく、ただただ散らかるばかりなのが悲しいところ。

これを阻止するための方法はずばり、**すべてのものに「1つ残らず定位置を決める」こと**です。

ときめきチェックと同様、衣類→本類→書類→小物類→思い出品の順に、収納場所を考えるとシンプルです。衣類はクローゼット、本類は本棚というように、迷いなく収納できるものから定位置を決めます。小物類の収納については、次の項で紹介します。

KonMari's memo

「8時だョ!全員集合」1969年から16年間続いた、ザ・ドリフターズによるお笑い番組。TBS系列、最高視聴率50.5%。

収納の原則は、同じカテゴリーのものは1カ所に集めて収納し、家の中で分散させないこと。収納するときに分けるのは、もの別と持ち主別の2つだけです。

1人暮らしの場合は、持ち主別にする必要がないので、もの別に場所を決めればOK。

家族で暮らしている場合は、家族別に収納スペースを分けて考えます。自分、パートナー、子どもというように、1人1カ所スペースを決め、個人のものはそれぞれのコーナーに集めて収納します。家族が自分の部屋を持っている場合は、それぞれの部屋に収納します。

「行動動線に沿って収納しよう」「使用頻度別に考えよう」というのは、収納アドバイスの定番です。しかし、こんまりメソッドでは、どちらもあまり重視していません。細かくこだわりすぎると、考える時間がかかり、失敗を恐れて片づけの手が止まってしまうからです。

もちろん「ヘアケア用品は洗面所に」「文房具は書斎に」など、カテゴリーごとに使う場所が明らかなときは自然と行動動線に沿った収納になります。一方、「爪切りはテレビの近くに」といった細部の行動動線を考え出すと、あっという間に収納が複雑になります。

まずは**カテゴリーごとの収納をいちど完成させて、生活しながら、より使いやすく微調整していく、というスタンスをおすすめします**。

使用頻度も、あえて意識するのなら頻度が高いか、低いかの2段階まで。たとえば引き出しの中なら、使用頻度の高いものは手前に、低いものは奥に収納します。これも、使っているうちに自然と調整できるようになるでしょう。

KonMari's memo
定位置はしまいやすさ優先 リバウンド防止には、「出しやすさ」よりも「しまいやすさ」を優先して定位置を決めよう。

統一感がある収納にするには、素材別に連なるように意識する

小物など、細かいものを収納するときのヒントは、連想ゲームです。

文房具の隣にはレターセット、コード類の近くにはパソコン用品。連想ゲームをするように、似た性質のカテゴリーのものを近くに収納していくように心がけ、これを繰り返します。

ものは、きっちりとカテゴリー別に分かれながらも、虹色のグラデーションのように少しずつ性質が重なり合いながら存在しています。その重なった部分をつなげるようにして**似た性質のものを近くに収納していくことを、私は「家の中に虹を作る」と表現しています。**

収納に迷ったときのもう1つのヒントは、素材を意識すること。同じ素材のものをまとめて収納することで、空間にすっきりとした統一感が生まれるのです。

私が**3大素材と考えているのは、「布もの」「紙もの」「電気もの」**です。ほかには、化粧水やクリームなどの「水もの」、食料品の「食べもの」などがあります。

ものの定位置を決めるときも、ものの性質を感じたり、つながりを意識したりすることで、収納の感性が身につきます。すると、今後ものが増えたとしても、あなたにとって常に心地よい、調和のとれた空間を作ることができるのです。

KonMari's memo

ものが発する空気感　ものは、素材によって出している空気感が違う。布や紙、電気ものの空気感は153ページ参照。

小物を美しく、実用的に収納するコツ

似た性質のもの同士を近くに収納

ものの使い道を踏まえ、隣に何があったら便利かを連想ゲーム感覚で考える。家の中に虹を描くイメージでつなげていくと、実用的なときめき空間に！

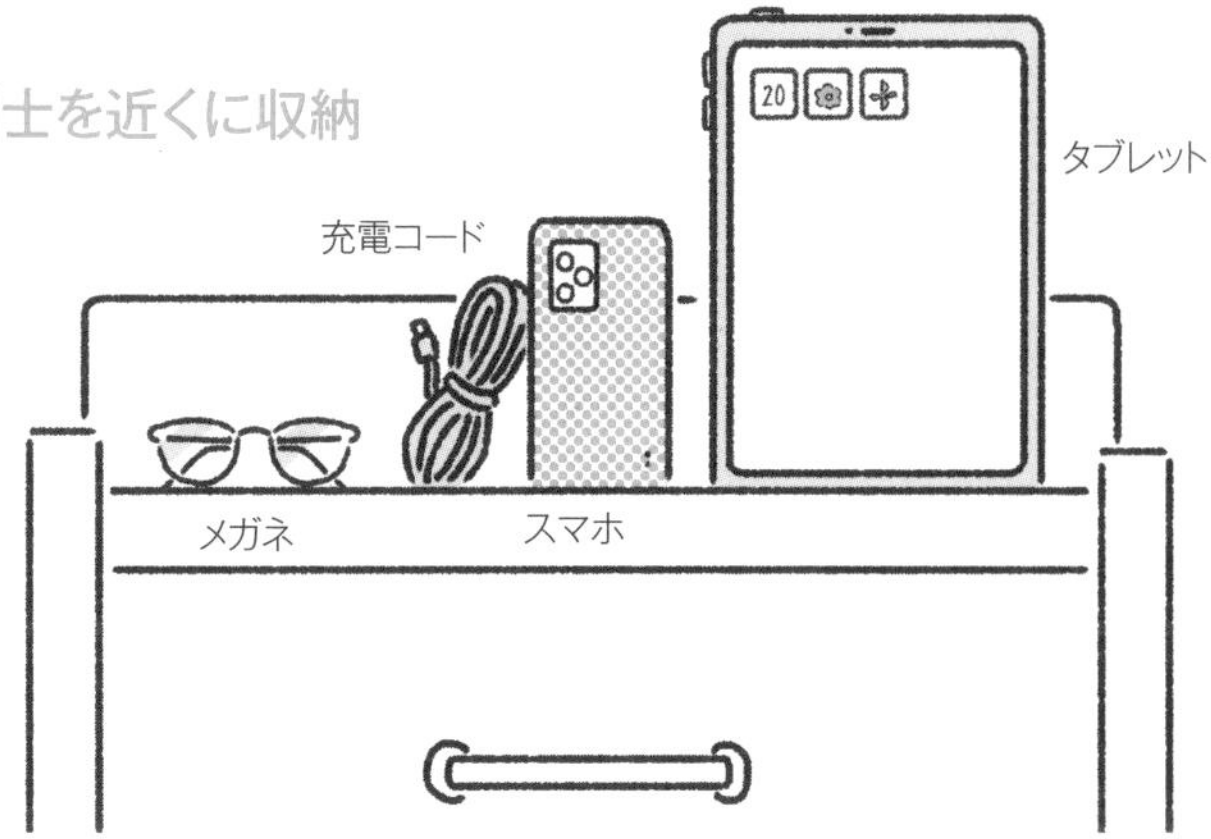

同じ素材のものをまとめて収納

空気感が同じものを隣同士に収納すると、周囲の空気がなじみ、すっきりした雰囲気になる。

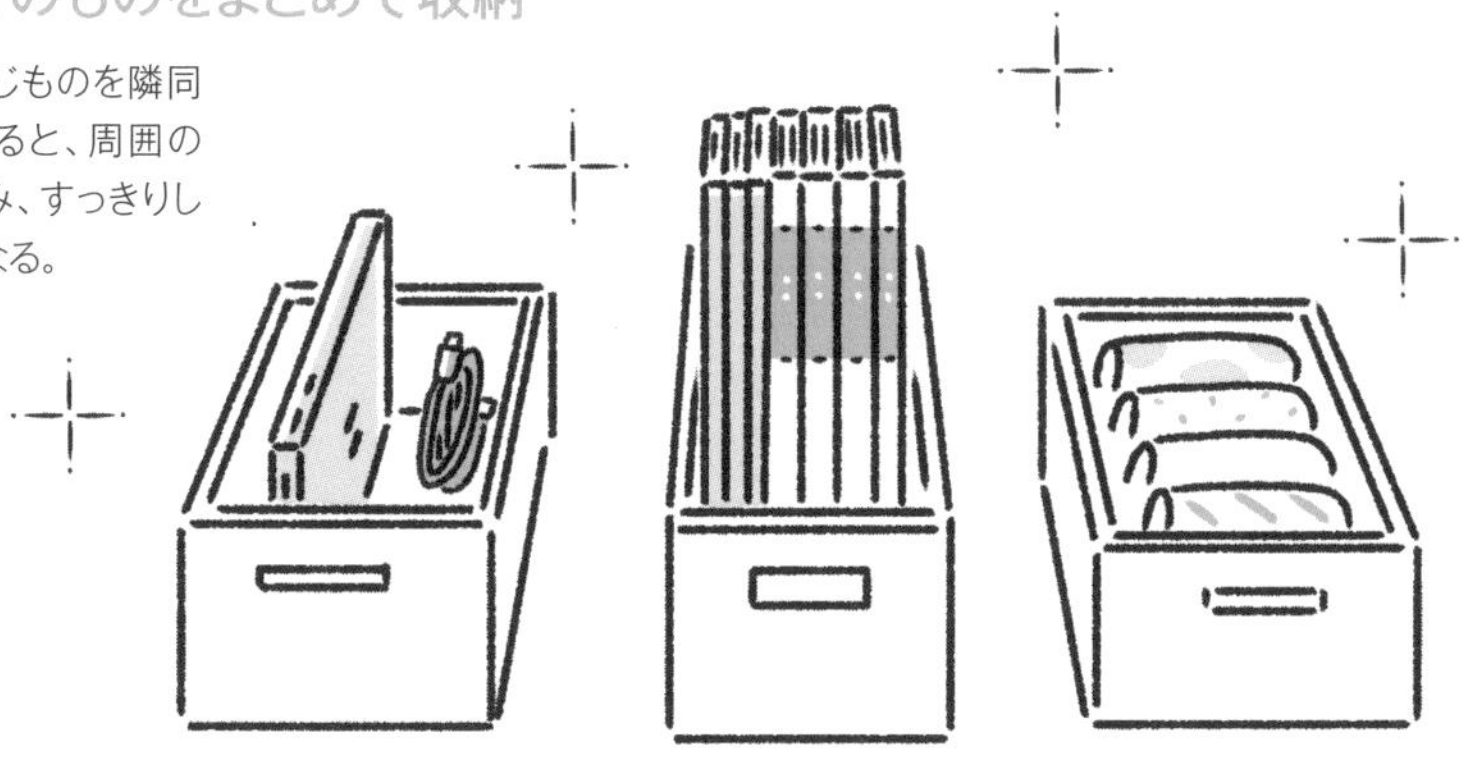

電気もの
電化製品やコード類、メモリーカードなど

空気が通らず、ひんやり硬い感じ

紙もの
本類、書類、手帳、ノート、はがきなど

呼吸をしていて、温かい空気感

布もの
洋服、ハンカチ、布製ポーチや巾着など

やさしく、包み込んでくれる印象

収納の基本は立てて、密度感を9割に。空き箱など、あるものを活用する

アメリカで、ハロウィン時期に私のコスプレが一部の人に流行ったことがありました。パッツン前髪に黒髪ロング、白トップスにスカート、手には箱。箱の中はたたんで立てた洋服です。「Spark Joy（ときめき）！」のコメントと共にＳＮＳに投稿された楽しそうな写真を見て、まさか自分がコスプレされる身になるとは…と、なんとも不思議な気持ちになったものです。

なぜいきなり昔の思い出話を始めたのかというと、箱です。こんまりのコスプレをする人は、もれなく空き箱もしくは洋服が入った箱を持つのがお決まりで、それほど**こんまりメソッドにとって「箱」は象徴的なアイテム**だと、海外の人にも認識されていたのです。

もしあなたが、片づける前に収納グッズを買ってこなければ、と思っていたら、まずは家にある空き箱を活用することから始めてみましょう。大きさを調整できる仕切りや隙間用の細い棚など、世の中には便利な収納グッズがたくさん売られていますが、なんといってもシンプルな箱がいちばん使えるからです。

優秀なのは、靴の空き箱です。大きさ、素材、丈夫さ、手軽さ、すべてにおいて平均点以上。

KonMari's memo
靴の箱のふた　使い方の一例として、キッチンのコンロ下に置き、油や料理酒などの調味料類をのせる。

洋服の引き出しの仕切りに、小物を入れて納戸の棚にと、汎用性が高いところが魅力です。そのほか、お菓子や贈答品、家電の空き箱など。片づけ時に空き箱が出たら1カ所に集めて、収納が終わるまではとっておきましょう。すべてのものの定位置が決まって使わなかった箱は、潔く処分して構いません。

手持ちの空き箱を活用するだけで、家じゅうの収納が完成することも珍しくありません。もちろん、さらにこだわりたい場合は、デザインなどが好みの市販の収納ボックスを使うのもいいでしょう。なにはともあれ**「収納は箱さえあればうまくいく」と覚えておいてください**。

箱以外で収納を成功させるポイントとして、「とにかくたたむ」「立てる」「集中させる」「四角く仕切る」の4つの原則も覚えておくと便利です。

たためるものはすべてたたむことで、かさが減って収納できる量が倍増します。自立できる硬さがあるものは立てることで、引き出しの高さを最大限に活かせるだけでなく、持っているものの量もひと目で把握できます。そして、同じカテゴリーのものは1カ所に集中させること。最後に、引き出しは、箱を活用して四角く仕切ったほうが効率よく収納できます。

4原則のうち、もっとも**活用度が高いのが「立てる」収納**です。

収納をするときに、洋服、本、書類などを積み重ねるのはNGです。積み重ね始めると、際限なく上に積むことができ、ものの量が増えても気がつくことができません。さらに、下のものは見えなくなるので探しにくくなり、ものの存在感はどんどん薄くなります。やがて、持っ

KonMari's memo
立てる収納の利点　立てる収納は持っているものが一目瞭然。ものの存在感が薄れないから、無駄なものを買うことを防げる。

ていること自体を忘れてしまうのです。

立てる収納の利点は、ものの管理がしやすいこと。何をどれくらいの量を持っているのか、引き出しの上から見て一目瞭然。取り出しやすく戻しやすい。引き出しなど収納空間の高さを最大限に活用できて、収納効率もアップ。なにより、立って収納されているものは、エネルギーもシャキッと立って、元気な感じがするのです。

たたんだ洋服も、USBメモリーも付箋も消しゴムも、とにかく立ててみてください。ときめくものを選んだはずなのに、どうもしっくりこないという場合は、今積んで置いているものを立ててみるだけで、たちまちすっきり、収納に余裕が出てくることに驚くはずです。

最後に、「9割収納」について。引き出しや棚の中は、スカスカすぎず、ギチギチすぎず、収納が崩れずに出し入れがスムーズにできる密度に詰めていきます。理由は、空いたスペースがあると埋めたくなる心理が働いて、無駄買いをしてしまう可能性があるからです。ものを手放してスペースが空きすぎる場合は、**適度に詰めて9割収納の状態にしましょう。**

収納で押さえておくポイントは、「パッと見てどこに何が入っているのかがわかりやすいか」と「ものが心地よい状態で入っているか」の2つです。

KonMari's memo

床置きの収納がなくなる　洋服が減ったクローゼットに文房具や小物が収まり、床置きの収納が不要になるのはよくあること。

さまざまな空き箱の活用方法

＼ 収納に使う箱は、大きさ、素材、丈夫さ、ときめき度で決める ／

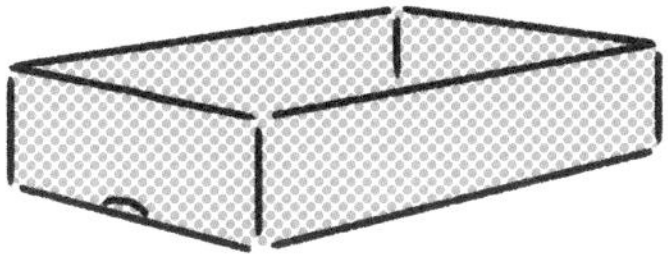

箱のふた

活用度が高い。
瓶などを置くときの
仕切りやトレイ代わりに。

靴の空き箱

細長い形が使いやすいうえ、
丈夫なのがよい。
汎用性が高いところが魅力。

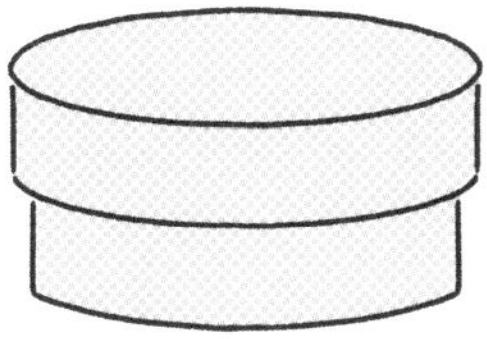

丸い箱

収納効率は高くはないが、
ときめくものは
大いに活用する。

片づけ時に
空き箱が出てきたら、
収納が終わるまで
取っておく

＼ まだある！ 空き箱の活用例 ／

手のひらサイズの箱

イヤホンや鍵、アクセサリーなど
小さいものを入れる。

はがきサイズの箱

クリップやマスキングテープなど
文房具入れなどにも。

高さがないお菓子の箱

箱のふたと同じようにトレイ代わりにもなる。

キッチン、浴室、洗面所は掃除のしやすさを第一に考える

収納するときの決まりは、ものの種類別にしまうこと。これを踏まえつつ、浴室、洗面所、キッチンの収納を考えてみましょう。

まずは、浴室内の収納です。問題は、置いているものに水垢がついてしまうこと。浴室にあるシャンプーなどのボトルは、掃除のたびに移動が必要なうえ、ボトルの底の水垢を掃除しなくてはなりません。いろいろと試した結果、私は、浴室にはものを置かないことにしました。

よく考えると、シャンプー類は使うときだけ浴室にあればいいのです。入浴時に必要なものを浴室に持ち込み、終わったら使用済みのバスタオルでボトルの水気を拭いて、洗面所の定位置へ。一見面倒に思うかもしれませんが、このやり方のほうが浴室の掃除は断然、楽です。

何も動かさずにさっと掃除ができて、水垢が溜まるところがないため、ラックを拭く必要もなくなりました。**浴室内にものを置かないのは一見無謀に思うかもしれませんが、やってみると意外と簡単**です。

洗面所は、ドライヤーや歯ブラシスタンドなど、家族で共有しているものの定位置から決め

ていきます。そのあとに、余ったスペースを家族で分けましょう。

要注意なのは、洗面台の下です。ここの高さを活用できていないケースが多く、非常にもったいないのです。理想は、奥行きのサイズが合う引き出し型のクリアケースを置くこと。ケースの上の空間が余ったら、かごや箱を置いて収納場所を作ります。

洗面所をときめく空間にするコツは、水滴を制すること。蛇口回りにはものを置かないように心がけます。壁付けできる歯ブラシスタンドやソープディッシュなどを活用するのも一案。手を拭くタオルとは別に水滴専用の小さなタオルを置き、使うたびに飛び散った水滴を拭き取ると、いつもきれいに使えます。

キッチンで注意するべきなのは油です。調理した油がはねて、いつの間にか調味料のボトルはべとべと、キッチン全体もいつも油っぽい…という状態は、なんとしても避けたいところ。ガスコンロの回りには、何も置かないのが理想。調味料は、油がはねないエリアに定位置を作ります。備え付けの引き出しか、ガス台の下に調味料スペースを作るのが定番です。

浴室も洗面所もキッチンも、汚れがちな場所だからこそ、意識したいのは掃除のしやすさ。使うたびにさっと掃除ができて、いつでもピカピカを保てることが、収納を決めるときのポイントです。

玄関やトイレには香りを置き、ポストカードを飾ってときめき空間に

トイレは、清潔さが命です。収納するべきものは少なく、場所が狭いので、掃除がまめに行われることがいちばん大事なポイント。掃除のしやすさをアップさせるために、床に置くものは最小限にします。トイレマットや便座カバーなども「本当に必要？」と再考してみると、意外となくても大丈夫なケースが多いものです。

洗剤やトイレットペーパーのストックは、箱に入れたり布で目隠ししたりして、むき出しで置かないように配慮して収納します。香り系のものを使うなら、芳香剤よりユーカリやウッド系などの自然な香りのアロマオイルがおすすめです。棚や壁はお気に入りの小物やポストカードなどで飾って、ときめく空間を作りましょう。**トイレはいわば、毒素排出ルーム。エネルギーが滞らないように、掃除や換気をまめに行います。**

玄関は、家の顔であり、いちばん神聖な場所。玄関を片づけるときに意識すべきなのは風通しです。ドアを開けた瞬間、家に帰って来た安心感でほっとできる玄関をイメージして、収納を考えましょう。たたきに置くのは、その日に履いた靴だけ。それ以外の靴は下駄箱に収まっているのが理想の状態です。

KonMari's memo
靴の裏を拭く　玄関のたたきを拭くついでに、靴の裏も拭いてきれいにすると、心が丸ごとクリアになる感覚が味わえる。

玄関の飾りは、ときめくものを少しだけがポイント。アロマの香りをほんのり漂わせ、お気に入りの玄関マットを敷き、棚や壁には好きな花や季節の飾りなどを置けば完璧です。

私は、玄関の床であるたたきを水拭きするのを習慣にしています。使うのは、雑巾や使い捨てのおしぼりなど。毎日きちんと拭いていた時期でさえも、雑巾には結構な汚れがつくのには驚きました。1日外に出ていただけで、人はいろいろな汚れをもらってくるのだなと感じ、「この汚れをリセットすることで、新しい1日を始められるようにしよう」と、水拭きが習慣化しました。たたきをピカピカにすると、家を出るときには自信をもって出かけられ、帰ったときにはさっとお祓いを受けたようにすっきりでき、いいことずくめです。

下駄箱は、家族ごとにスペースを分けます。自分の靴、パートナーの靴、子どもの靴と段ごとに分けると、定位置を決めやすくシンプルです。1人につき数段ある場合は、ブーツなど重い感じがする靴は下、サンダルなど軽い感じのする靴は上に置きます。

寝室は、1日の疲れを癒やす、エネルギーの充電基地です。シーツや枕カバーは、肌触りもデザインもときめくもので、清潔なことは必須。照明と棚に並べる小物は、選び抜いたお気に入りだけ。こまごましたものが多ければ、トレイやかごにまとめてすっきりさせましょう。重要なのは、**起床後、まず視界に入る場所を整えること**。目覚めた瞬間見る風景は、潜在意識にバシッと刻まれます。**いちばんときめくものを配置すれば、ポジティブな1日がスタートします**。

KonMari's memo
リビングの収納 リモコンや新聞の定位置を決め、お気に入りの観葉植物や音楽で、家族の会話が弾む環境を整えよう。

ときめき感度が上がってきたら家で過ごす時間をさらに輝かせる

片づけを終えると、誰もが自分のときめきに敏感になります。味覚・嗅覚・触覚・視覚・聴覚、五感のすべてにおいて「自分にとって心地がいいもの」を求めるようになるのです。

まず、視覚的に美しいものを、部屋の中に取り入れたくなります。**ものを手放し終わったあとに「部屋がさっぱりしすぎた」「殺風景になったかも…」と感じたら、そこからはときめきを加えていく段階になります。**

考えたいのは、壁を飾ること。お気に入りの絵画やポスター、ポストカードはもちろん、切り抜いたカレンダーを市販のフレームに入れた手軽なものでもOK。飾ると、部屋の雰囲気がぐっと変わります。

片づけのなかで出てきた、ときめくけれど使い道のなかったものも、ここが出番です。友人からもらった写真立てや手ぬぐい、飾る予定だったフィギュアなど、これまで活用しきれなかったものを飾るだけで、家はどんどんときめいていきます。

飾れるようなものは持っていない、ときめきをプラスするといっても、どうしたらいいかわ

KonMari's memo
感覚の変化　ものの触り心地（触覚）と家の中の空気感（嗅覚）に心地よさを求める結果、素材にこだわるようになる。

からないという場合におすすめなのは、家の中に「色」を取り入れること。

部屋に色を加えるには、カーテンやベッドカバーを明るい色に替えたり、新しく絵を買いに行ったり、壁を思いきって塗り替えたりするのも素敵です。

いちばん手軽でおすすめなのが、好きな色の花を飾ること。数百円の花を1～2本飾るだけで、彩り効果が期待できます。とにかく手軽で、気分によって色を選べて、季節感も取り入れられます。**花は、ときめきプラスの最強アイテム**といっていいでしょう。

片づけを終えた人のもっとも興味深い変化は、選ぶ素材が変わることです。化学繊維の洋服の代わりに、コットンやリネンなど天然素材100%のものを選ぶようになったり、プラスチックの収納ケースを木製の棚に替えたくなったり。今まで問題なく使っていたものに対しても、違和感がごまかせなくなります。

これは、**ときめくかときめかないかの判断を何百回、何千回繰り返していくなかで、感覚が研ぎ澄まされて初めて生まれてくる変化**です。

究極の心地よさを求めると、最終的には混じり気のない自然な素材にたどり着く。料理でも片づけでも、人間が真に求めるものは、シンプルなことなのかもしれません。

「1つ1つのものを大事にしよう」「家で過ごす時間をもっと味わおう」。片づけが終わると、そんな気持ちが自然と芽生えてきます。家で過ごす時間を、よりときめく時間にするにはどうすればいいか、こだわりたくなるのです。

さらに**快適に過ごしたいと考えるようになって、新しい習慣が増えます。**

私が睡眠時間を最大限にときめかせたいと思ってこだわっていた習慣は、毎日シーツと枕カバーを洗うことです。最初は面倒でも、やってみると身体と心がすっきりさっぱりして、その爽快感は格別で、やみつきになりました。今は子育て中なので頻度は減りましたが、いち推しの習慣です。ピンときた方は、ぜひ試してみてください。

もう1つのおすすめの習慣は、雑巾での床掃除です。掃除機だけではなく、あえて身体を使って雑巾がけをすると、自分と家との距離がぐっと近づく気がします。5分くらい雑巾がけをしていると、呼吸が楽になり、背中がシャキッと整って体調がよくなります。1週間も床掃除をしていないと体がむずむずしてきます。また、床を磨いている間は無心になれるので、ヨガや瞑想のような効果があります。床の雑巾がけをすることで、決断が早くなった、小さなことでイライラしなくなったという、よい効果もありました。

ほかにも、入浴や食事、勉強の時間など。普段過ごしている時間が、今より少しずつ心地よさがアップしていく…そんなことをイメージするだけで、なんだかワクワクしませんか？

KonMari's memo

習慣を増やす　新しい習慣を身につけたいときは、まず最初の10日間続けることを目標にすると、成功しやすい。

新しく加えたい習慣といわれても、あまり思い浮かばないかもという場合も、心配ありません。**普段していることを、ただ「いつもよりゆっくり」「いつもより丁寧に」を意識してみるだけでも、ときめき効果は絶大**です。

コーヒーを豆からゆっくり挽いたり、脱いだ靴をすっと揃えたり、観葉植物に声をかけながら水をあげたり。特別なことでなくても構いません。

つまり、**家で過ごす時間自体をじっくり味わうこと。片づけ祭りを終えた人がいちばん変化するのは、時間の使い方です**。これまで探しものをしたり、着るものに延々と悩んだり、床のものをどかしながら掃除したりと、あらゆることに時間がかかっていたのに、片づけ後は時間にゆとりができます。「時間が余る」という感覚になることすらあるのです。

時間が余るなんて、信じられないと思うかもしれませんが、決して大袈裟でも非現実的な話でもありません。片づけは、ふんわりとした妄想でも夢物語でもなく、現実を変える具体的な行動だからです。片づけ後の自分をイメージして、自分の心に問いかけてみてください。

もし時間が余ったら、どんなときめく時間を過ごしたいですか?

片づけを終えると、自分にとっての心地よさを、迷いなく極められるようになります。家の中で過ごす時間が、少しずつ変化します。

そうした日々の積み重ねで、人生が今よりもっと、ときめいていくのです。

KonMari's memo

ときめきプラス 片づけを終えたあとに、暮らしにときめきをプラスする方法は、104ページでも紹介している。

子育てと仕事に追われていたのが、自分の時間が増えて、転職も実現！

1人暮らしから結婚して夫婦2人暮らしになるタイミングで『人生がときめく片づけの魔法』を読み、衣類だけこんまりメソッドを実践したことがあった田中さん。「そのときは、クローゼットがときめく洋服だけになって感動したのを覚えています」。

その後、フルタイムで働き続けながら第1子を出産して、1人で家事も育児も仕事も担っていてヘトヘトだった時期に、再びこんまりメソッドを実践してみようと思い立ちました。「夫も忙しくて帰りが遅く、あまり手伝ってもらえなかったので、しんどい時期でした。この状況を何とかしたいと思って、片づけを始めたんです」。

田中さんがもっとも大きな変化を実感したのが、キッチンの小物類を片づけたとき。残すものを厳選して、多くのものを手放しました。「苦労してシールを溜めてもらったキャラクターのお皿とか、健康を意識して買ったジューサー、たまにしか使っていなかった大きな鍋などを手放し、お玉や泡だて器なども1つだけ残しました。キッチンが私の『こりポイント』だった

田中美桜 さん（仮名）

MIO TANAKA

1985年生まれ。兵庫県在住、会社員。家族は、会社員の夫と11歳と8歳の子ども2人。

んでしょうね。キッチンの小物類を片づけることで気分が高揚し、その後の片づけが加速しました。片づけたあとにものすごく気分がすっきりしました」。

キッチンの小物類を片づけたことで、料理を作るのも片づけるのも速くなり、睡眠時間が増えたといいます。そして、次の日から田中さんは自然と早起きするように。「それまではいつもギリギリに起きて、部屋はぐちゃぐちゃのまま子どもを保育園に送って行く生活だったのですが、朝5時半に起きて1人でゆっくり本を読んだりする自分の時間がもてるようになりました。前の日の洗い物が溜まっていないから、朝も時間に余裕ができるようになったのです」。

片づけ祭りを終えた田中さんは、何の疑いもなく、定年まで勤め続けるのだろうなと考えていた銀行の仕事について考え始めます。「収入が高く休みも取れるし、勤務条件もいい職場でした。それで、『今の仕事をときめくものにしたい』と思って、整理収納アドバイザーやコーチングなどの資格の勉強を始めました。勉強を続けるなかで、自分の道を素直に選んで進んでいる人たちの存在を知り、自分もときめく道を選びたいと思うようになりました」。

田中さんは、総合職として勤務していた銀行を辞める決心をし、その後、広告会社に転職。今は、フリーペーパーや雑誌に掲載する広告の制作や営業の仕事をしています。「いつか自分の名前を雑誌などに載せたい、と思っていた夢が叶いました。収入は減りましたが、以前より時間が自由に使えるようになって、『こうでないと生きていけない』という固定観念がなくなりました。自分のときめきで選んでいけば、幸せに生きていけると、今は確信しています」。

片づけ期間「約4カ月」

衣類	本類	書類	小物類	思い出品
2〜3日	1日	2日	4日	2日
3〜4時間×2〜3回	6時間程度	3時間×2回	5〜6時間×4回	6時間×2回

池上は、こう読んだ

片づけは衣類から始めること。衣類の片づけは、誰でも「衣替え」の季節に実行していることでしょう。でも、単に春物と夏物を入れ替えるだけでは、片づけになりません。片づけとして、ときめくかときめかないかを見定めるなら、改めて着てみるというのは貴重なアドバイスです。昔買ったときには魅力的に見えたけれど、いつしか体の線が変わっていた。これではときめきませんから。

衣類の収納の基本は、「立ててしまう」ことだとは。そうか、自分がいつまで経っても片づけができないのは、たたんで引き出しの中に重ねて入れているからなのか。これでは文字通り「死蔵」になってしまいますね。立ててしまえば、再び活躍してくれそうではあります。いつでも活躍してもらうために、いつでも「出動」できるようにしておく。常に準備させておくことなのですね。

そしていよいよ本の片づけに進みます。片づけを始めると、対象の本をどうするか、読み込んで決めようとする。私がよくやる間違いです。それでは片づけが進みません。片づけるうえで悩むのは、読みかけのままの本。まだ読んでいない本の数々。「自分にとっての旬が過ぎてしまったものは潔く手放す」とのアドバイスは、潔く受け入れることにします。

CHAPTER 4

仕事回りにも着手。キャリアが輝く

データなど非物理的なものを片づける

こんまりメソッドは家の片づけ以外にも応用できます。
仕事場、メールやアプリ、時間や人間関係まで。
あらゆるものを片づけることで
あなたの人生が今よりもっと、ときめくものに。

— TIDYING STUDIES —

仕事場の片づけの重要性を知る。散らかっている状況が及ぼす悪影響

こんまりメソッドは、家の片づけ以外にも応用できます。**「カテゴリー別に分ける」「ときめくものを選ぶ」という2つのルールを使ってあらゆるものを片づけることで、人生がよりシンプルで快適になります**。自分らしい毎日を送ることが可能となるのです。

簡単に応用できるのは、仕事場の片づけです。この場合の仕事場というのは、オフィスはもちろん、家の書斎、学校やアトリエなど、生産活動をする場所と考えてよいでしょう。

忙しく働いていると、片づけは後回しで、仕事場はぐちゃぐちゃのままになりがちです。机の上に山積みの書類、溜まった郵便物、まだ読んでいない本、散らばっているクリップ、探すときには出てこないのに何本もあるハサミなど…。心当たりがある人は多いかもしれません。

このような状態の仕事場が、私たちの働き方やメンタルに与える影響は甚大です。最近の脳科学の研究で明らかになったのは、**散らかっている状態が脳に多大な負担をかけていること**。ものが多いと、その存在を認識することに脳を使ってしまい、目の前のやるべきことに集中できなくなってしまうのだそうです。

散らかった状態は健康にも影響します。仕事中、周りにものが多すぎると、ストレスホルモンと呼ばれるコルチゾールの量が増加。コルチゾールは、分泌量が慢性的に多くなると、うつ病や不眠症などの精神疾患、生活習慣病などにつながりやすくなるといわれています。

ある調査では、職場の散らかりにより生産性の低下、精神状態の悪化、意欲の低下、幸福度の減少を感じやすくなるという結果も。恐ろしいかぎりです。

仕事場が散らかっていることは、さまざまな悪影響を巻き起こし、いいことはありません。しかしこれらは、仕事場を片づければ改善できることです。**自分がときめきながら仕事に向き合える環境を、片づけることで手に入れましょう。**

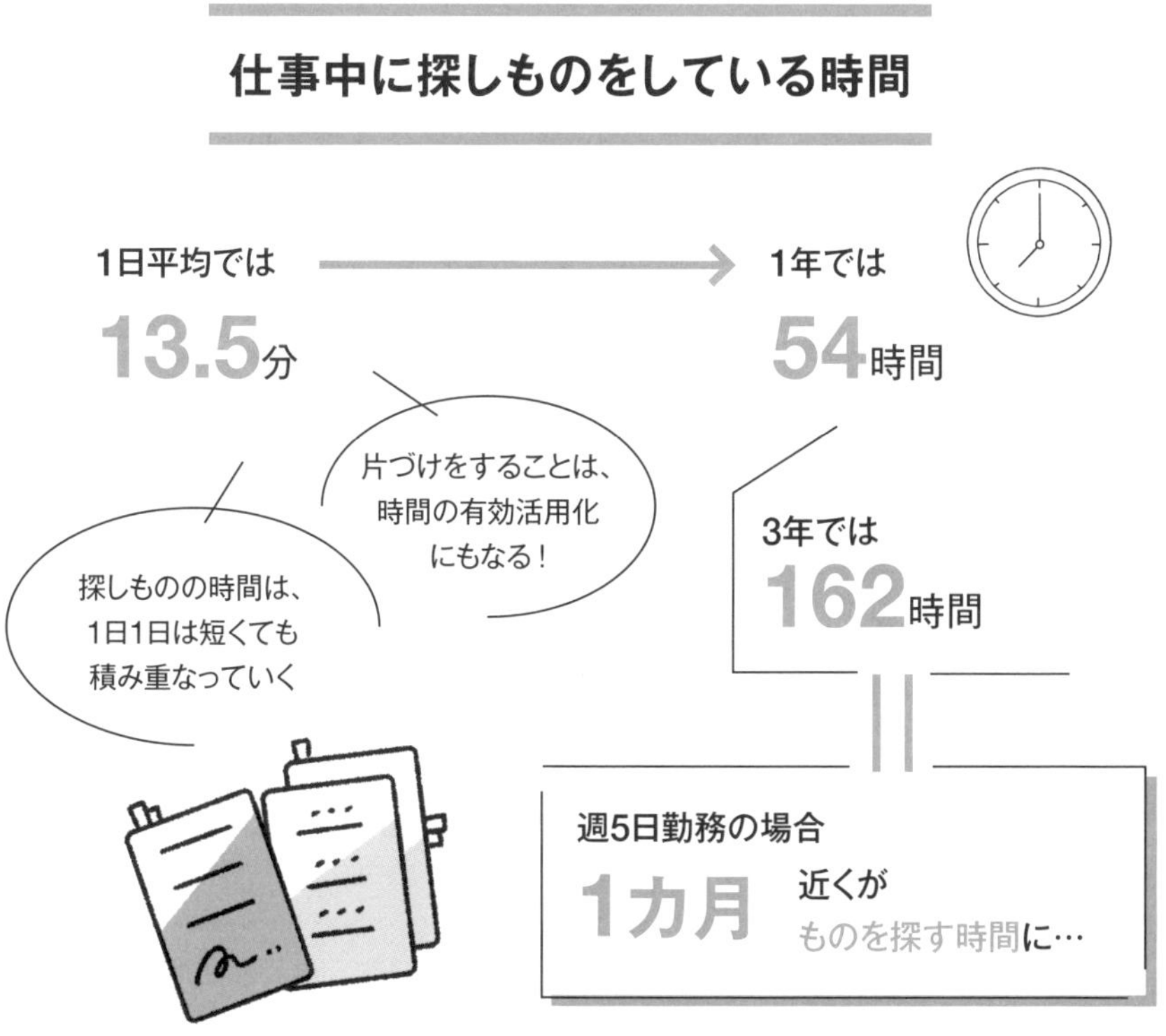
仕事中に探しものをしている時間
1日平均では
13.5分
1年では
54時間
3年では
162時間
片づけをすることは、時間の有効活用化にもなる！
探しものの時間は、1日1日は短くても積み重なっていく
週5日勤務の場合
1カ月
近くがものを探す時間に…

※1年間の労働日数240日＝5営業日×4週×12カ月として算出。
（コクヨ マガジン（2022年）「書類整理が苦手な人にこそ知っていただきたいファイルの使い方」をもとに作成）

仕事場を片づけると求めている仕事や働き方が見つかる

「仕事が楽しくない」「何をしてもうまくいかない」「自分が何をやりたいかわからない」。もし、あなたがそう感じているとしたら、仕事場の片づけをするべきタイミングです。

仕事場を片づけると、嬉しいことがたくさんあります。**探しものの時間から解放され、生産性がアップ。気分が穏やかになり、仕事場にいるだけで幸福感が得られるようになります。**

さらに嬉しい効果の1つは、周りからの評価がアップすること。**仕事場が片づいている人ほど、落ち着いていて勤勉なイメージをもたれ、職場の人からの信頼を得やすく、昇進しやすい**という研究結果があります。その結果、セルフイメージが高まってやる気がアップし、仕事の成果が上がるという、なんともお得な好循環につながるのです。

そんなにうまくいくはずはない、と思うかもしれません。しかし、実際に仕事場を片づけた人たちからは「仕事に自信がもてるようになった」「働くことが好きになった」という声が絶え間なく寄せられています。

こうした結果がもたらされるのは、決して偶然ではありません。なぜなら、**片づけをすることで変わるのは、仕事場の環境だけではなく、その人自身のマインド**だからです。

仕事場での片づけも、もの1つ1つと向き合って、ときめくかときめかないかで残すか手放すかの判断を繰り返します。すると家の片づけと同様、判断力と決断力が自然と磨かれていきます。「なぜこの仕事をしているのか」「この先、どういう働き方をしていきたいのか」といった、仕事における自分の価値観が明確になっていくのです。

結果、仕事への違和感に気づいて転職したり、より心地よい働き方のために工夫したり、本当の目標がはっきりして起業したり。ポジティブな変化を、自分から起こせるようになります。

仕事場を片づける本当の目的は、自分の仕事に自信をもって、迷いなくエネルギーを注げるようになること。片づけは、単なる整理整頓の作業ではなく、あなたのキャリアをときめくものにする人生の一大プロジェクトなのです。

もちろん、仕事場では100%ときめきという状態にはなかなかなりません。取引先などの相手がいて、お金という対価が発生する限り、それはある程度は仕方がないことです。それでも、今与えられた環境や自分の立場で、コントロールできるところから「ときめくもの」を選択する。これを繰り返すことで、仕事の楽しさややりがいは確実にアップしていきます。そうした現実との調整や、自分の現状を受け入れる力も、片づけのなかで鍛えられるといっていいでしょう。

社会のなかの自分という軸で片づけができるのが、仕事場の片づけの楽しみなところです。

片づいた状態をキープするために、理想の働き方をイメージする

仕事場の片づけをしたあとに、**片づいたデスクをキープできる人と、しばらくするとリバウンドしてしまう人がいます。その違いは、「片づけ前のマインドセット」にあります。**

マインドセットとは、家の片づけと同様、目的意識を明確にしておくことです。

片づけを始める前に、「片づけをして、どういう自分になりたいか」「どういう働き方をしたいか」、自分にとって理想の働き方や仕事で大切にしたい価値観をしっかり考えてみましょう。これがクリアになるほど、片づけに前向きに取り組めるうえ、片づいた状態をキープできます。

理想の働き方を描く際のポイントは、片づけ後のあなたの毎日が、映像でイメージできるくらい詳細に考えること。ヒントは、場所（空間）×時間軸×感情の3要素です。

まずは場所について。今の仕事場が完璧に片づいたとしたら、それはどんな様子ですか。書類や本がどのように並べられ、机の上にはどんな飾りがありますか。引き出しの中は…。仕事場は家に比べて対象のスペースが少ないので、ピンポイントにイメージができます。

次に時間軸です。朝仕事を始めるとき、仕事中や休憩中、そして仕事が終わって仕事場から

離れるとき。それぞれの場面での理想を考えてみると、イメージがすんなり湧いてきます。

大事なのは、感情までイメージしてみること。目を閉じて、あなたの理想の働き方が実現している様子を、頭の中に思い浮かべてみてください。そのときの、胸のあたりが温かく広がるような感覚や、細胞がキュンと上がる感覚を、じっくり味わってみてください。

頭で考えるだけでなく、実際に身体の感覚までも使ってイメージをすると、理想の状態を経験しているような感覚を得ることができます。「こんな毎日を送りたい」という気持ちが自然に湧いてきて、片づけのモチベーションがぐっとキープしやすくなっていくのです。

理想をリアルにイメージするのが難しい場合は、オフィスであれば、片づいている人のデスクを観察してみるのはいかがでしょうか。できれば、本人に許可をとって引き出しの中まで見せてもらえたら最高です。片づけ後のゴールイメージを明確にもつことができます。

自宅で働いている人は、ＳＮＳなどで素敵なホームオフィスやアトリエの写真を見て、イメージを膨らませるのもおすすめです。

理想の働き方をイメージするほど、片づけへのモチベーションはどんどんアップします。現実と理想のギャップが認識できると、「ここを直したらいい」「これは今すぐ変えられる」と、そのギャップを埋めるアイデアが自然と浮かんできます。

今を変えるためには、理想を具体的に描くことがとても重要なのです。

仕事場もカテゴリー別に。一気に片づけ祭りを終わらせる

仕事場の片づけも、家の片づけと基本は同じです。**今仕事場にあるものを一気に見直し、収納の仕組みを作り切る、「片づけ祭り」を実行しましょう。**

仕事場の片づけで対象とする範囲は、自分の責任で片づけられる場所だけにするのが鉄則です。基本的には自分のデスク周りと、収納を管理している棚やロッカーなど。会社内の共有スペースについては、自分の片づけが終わったあとに改善案を提案するのがおすすめです。

自宅で仕事をしている場合は、仕事とプライベート、それぞれのものを分けて片づけます。仕事場の片づけのときには仕事のものだけ。プライベートのものは、家の片づけのときに手をつけるようにしましょう。

仕事場には衣類がないので、**片づけの順番から衣類をはずして、カテゴリー別に正しい順番で片づけを進めていきます。**残すか手放すかの判断がしやすく、収納場所が決めやすいものから着手します。順番は次ページの図のとおりです。

KonMari's memo　仕事場の片づけをする前に　できれば、家の片づけ→仕事場の片づけの順番で取り組んだほうが、作業がスムーズに進む。

カテゴリーごとに、ものを1カ所に集め、選び、定位置を決めていきます。一気に短期間で片づけるための、時間と環境を確保します。**仕事場はスペースが狭く、あるものが限られるので、家の片づけよりずっと簡単で、短時間ですみます。**

シンプルなデスクが1つの仕事場なら、片づけにかかる時間は平均5時間。ものが少ない場合は3時間もあれば十分です。仕事場が個室なら10時間くらいかかる場合もあります。

まとまった時間をとるのが難しい人は、数回に分けて片づけてください。2時間×3回くらいが理想的なペースで、間をあけないほうが、リズムよく取り組めます。1カ月間くらいで終わらせるとよいでしょう。

大事なことは、意識的に期限を区切って、片づけのスケジュールを確保すること。時間があったら片づけようという気持ちでは、なかなか着手で

仕事場での片づけの正しい順番

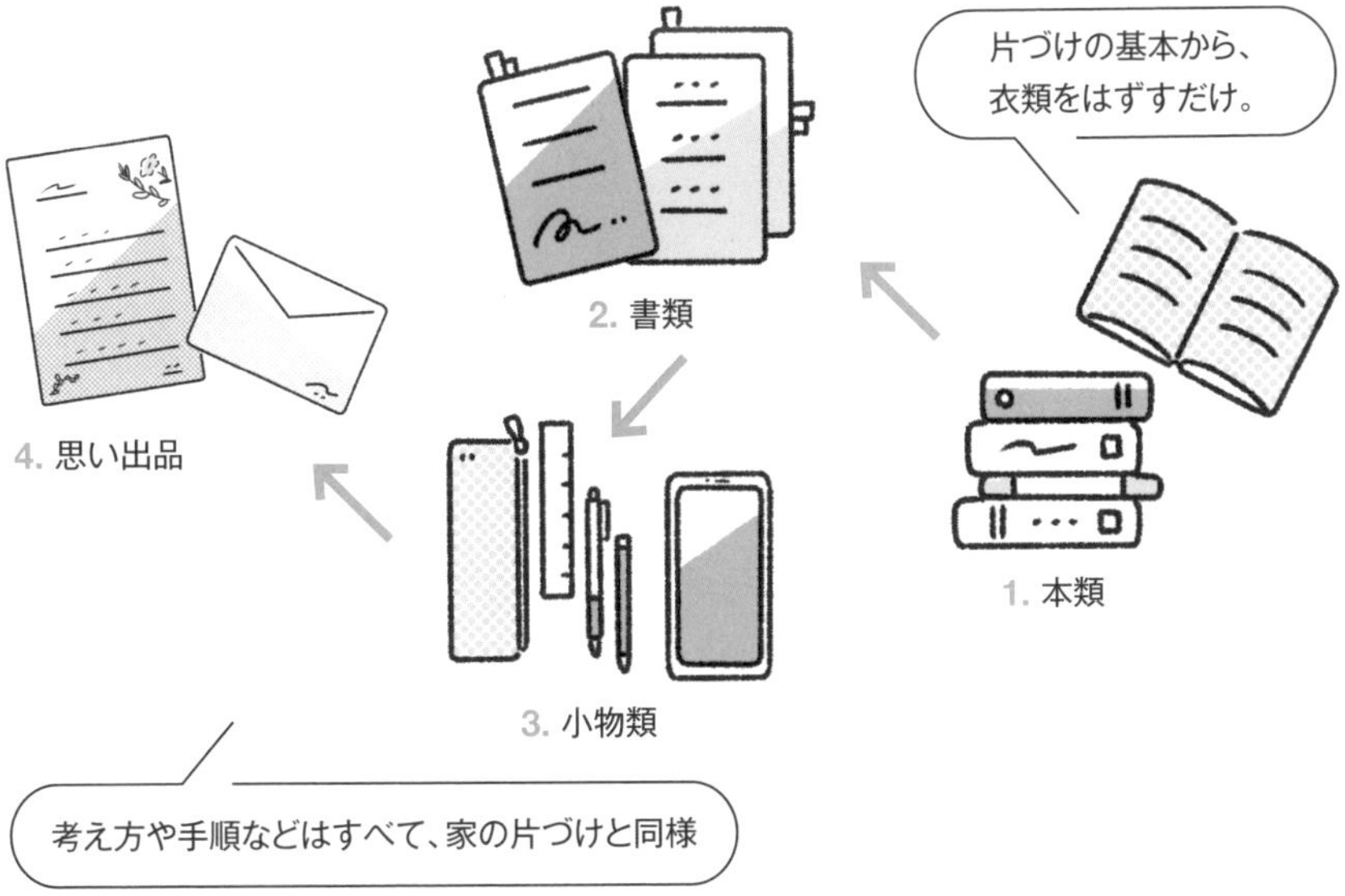
片づけの基本から、衣類をはずすだけ。
1. 本類
2. 書類
3. 小物類
4. 思い出品
考え方や手順などはすべて、家の片づけと同様

きません。時間がない人ほど、片づけのための予定をまっ先にブロックすることをおすすめします。

会社のデスクは、朝か夕方以降の就業時間外に取り組む計画を立てましょう。土・日曜に出社できるなら、1日で片づけ祭りを完了することも可能です。会社全体や部署内などで、一斉に片づける時間をとろうと提案するのもいいかもしれません。片づけをすることで、それぞれの作業効率が上がって、気持ちが前向きになれば、社内の雰囲気も明るくなります。

仕事場の片づけの最終目標は「デスクの収納の全体像を完璧に把握できている状態」です。自分がどんなものをどれだけの量を持っていて、どこに収納されているか。今後も増える書類やものをどこに収めていくのか。あなたの仕事特有の、書類やものの増え方のパターンを把握し、管理の見通しをつけることが、片づけ祭りのゴールです。

家の片づけでは、ときめくかどうかで判断して残すものを決めました。一方、仕事場では、たとえ、ときめかなくても処分できないものがあります。たとえば、契約書やこれから使う会議のレジュメ、会社で支給された文房具などはどうしたらいいでしょうか。

答えは、ものの役割を考えること。視点を広げてみれば、こうした契約書もレジュメも、あなたの幸せにつながっているものです。契約書であれば、仕事の成果が可視化されて評価につながったり、雇用条件が書面によって保証されたり。**もの自体のときめきだけではなく、もの**

KonMari's memo　朝の片づけ　始業前の時間は、仕事の予定時間まできびきびと作業ができ、スムーズに判断できておすすめ。

の役割から考えることで、残すべきものと手放すべきものが明確になります。

こうした考えをふまえたうえで、仕事場で残すものは、次の３つです。

それ自体にときめくもの
機能の面で役に立つもの
ときめく未来につながっているもの

お気に入りのペンやデスクに飾っている家族の写真や観葉植物など、持っているだけで自分が幸せな気持ちになる、自分のときめきに直結しているものは迷わず、残します。

ホチキスの芯やガムテープなどは、ときめくものとはいえないけれど、日々の仕事で使うもの。あなたの仕事をサポートしてくれているものも、仕事場では必要です。

精算することで経費が返ってくる領収書や、キャリアアップにつながりそうなプロジェクトの書類などは今はときめかなくても、自分の未来を明るくしてくれる役割のものです。

「ときめく」という言葉がピンとこない場合は、持っていてワクワクするか、野球にたとえると一軍か二軍か戦力外かなど、**自分がしっくりくる表現で残すものを選んでください。大事なことは、仕事をするうえでポジティブな役割を果たしてくれるものかどうかです。**

本も書類も名刺も家のときと同様。デジタルの記録メディアを活用しても

仕事場の片づけは前述のとおり、「本類」→「書類」→「小物類」→「思い出品」が基本です。この順で残すものと手放すものを選んだら、全カテゴリーまとめて最後に収納場所を決めてもいいし、カテゴリーごとに、その都度収納していく方法でも構いません。

最初のカテゴリーは、本類です。仕事場にあるすべての本を取り出して、1カ所に集めます。必ず本棚などから出して、1冊ずつ手に取って、残すか手放すかの判断をしましょう。

判断に困ったら「この本は、私にとってどんな役割？」と問いかけてみてください。

最新の情報をチェックするために役立つ本や、業務上のマニュアルなどは、仕事をスムーズにしてくれる役目を担っています。**読み返すとモチベーションが上がるものや、飾るだけで嬉しくなるものは「仕事用の燃料チャージ」のための本**です。堂々と取っておきましょう。

一方、見栄や焦りから買ってしまった本はありませんか。それらの本の役割は、見栄の気持ちを満たすこと、焦りを鎮めることです。買った瞬間に、役割は既に終了しているのかもしれません。

【本類・書類】

未読のまま時間が経った本があったら、「どうしてこの本を買ったのだろう」と買った当時の心境を思い出してみます。そのときのあなたと、まだ同じ気持ちや状態でしょうか？　本とあなたの間には、出会いの旬があります。旬のタイミングが過ぎたと感じたものは、手放しどきです。

今後、読むつもりの本は、具体的に読書する時間をスケジュールに入れたり、今すぐバッグに1冊入れたりして、読むための仕組み作りをします。それでも読まなければ、手放してもいいという判断ができます。

「本は何冊まで残していいのですか？」と聞かれますが、決まりはありません。しっくりくる本の冊数は、人によって違うからです。大切なのは、自分の基準を見つけることです。

片づけ後は、手元に残った本を改めて見つめてみてください。きっと、あなたの仕事に対する価値観やこれからやりたいことが、ありありと浮かび上がってくるでしょう。

2番めの片づけは、書類です。まずはすべての書類を、引き出しやファイルから出して集めます。書類は、触ったときのときめきだけでは選別できないので、中身をしっかり確認して判断します。**封筒に入ったものやファイリングされている書類も、必ず中身を出して1枚ずつチェックします。残す書類は分類しながら作業を進めると、あとで収納するときにスムーズです。**

KonMari's memo
仕事場の本の整理　職場で読みたい人がいたら譲る、自宅に持ち帰る、古本屋に売る、寄付をするなど。

残す書類は、用途がはっきりしている次の3つです。

未処理（未払いの請求書など）
保存義務がある（契約書など）
その他保存しておきたいもの（参考資料など）

もっとも重要なのは、未処理の書類です。**仕事場の片づけは、未処理の書類を明確にすることが最大のミッション**といっても過言でありません。スタンド型の書類ボックスを「未処理ボックス」としたり、引き出しの中に定位置を決めたり。未処理のものがどのくらい残っているかを把握できる状態を作りましょう。

正式に保存しておく必要がある書類は、ときめきに関係なく保存します。種類ごとに分け、書類キャビネットや書類ファ

仕事場の机の引き出しの収納例

デスクの引き出しを効果的に使うために、
書類は最下段に収納するのがおすすめ

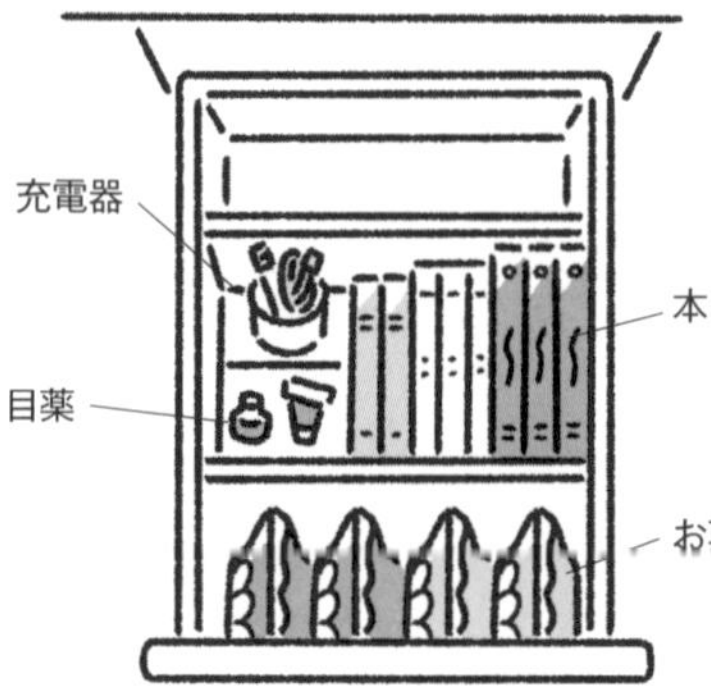

まん中の引き出し

充電器やハンドクリームなどのケア用品といった使用頻度が高いものを。仕切り板を活用するとよい。

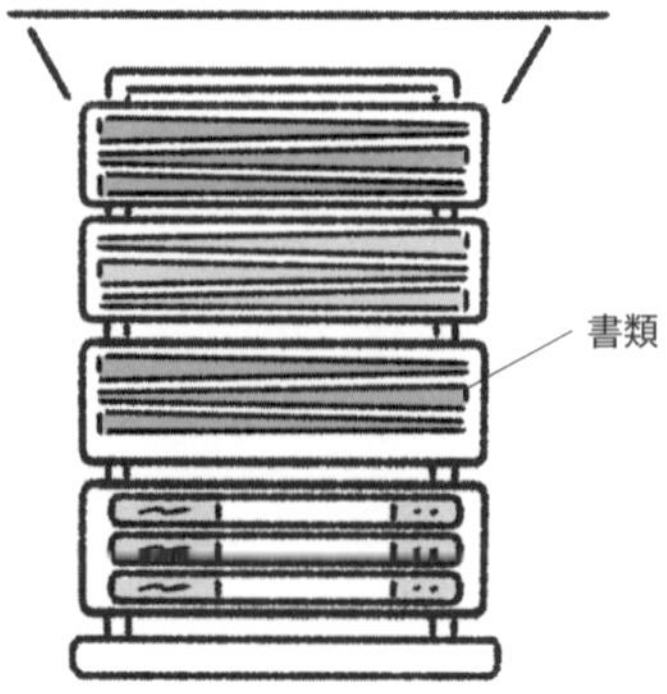

いちばん下の引き出し

資料や契約書、カタログなどと、未処理の書類を。それぞれ分けてクリアファイルやボックスに入れて収納。

イルに入れて引き出しや棚に収納します。**原本で保存する必要がない場合は、スキャンしてデータで保存しておくことも1つの方法です。**

書類の判断に迷ったときの3大質問は「これまで必要になった場面は、本当にある？」「データではなく、紙で持っている意義は？」「この書類がなくても、乗り切れる方法は？」。

せっかくの大掛かりな片づけの機会なので、少々厳しめに、残す書類を選び抜いてください。人生にいちどでいいのです。1回、限界まで書類を減らしてみる…。すると、自分の仕事における書類の分類分けが、組織図を書いたようにクリアになります。書類の管理がシンプルになり、リバウンド知らず。その後の仕事自体の流れまでも、拍子抜けするほどスムーズになるのを実感できるはずです。

名刺に関しては、会社員であれば、業務内で交換した名刺は会社の財産でもあります。片づけをする際は、名刺の残し方、社内での情報共有の方法など、会社の方針を確認しましょう。

その他のケースでは、片づけの手順は基本どおり。名刺入れなどから出して集め、1枚ずつ見ていきます。SNSですでにつながりがある人の名刺は、必ずしもとっておく必要はありません。もちろん、憧れの人の名刺など、見るだけでときめく名刺は大切にとっておきましょう。

連絡先のデータを保存したい場合は、スキャンや写真で残したり、名刺管理アプリを活用したりすると手放しやすくなります。

KonMari's memo　名刺管理アプリ「Eight」、「CAMCARD」など、写真を撮るだけでデータを取り込んでくれる名刺管理アプリも活用を。

片づけの労力対効果が大なのは、業務に関する小物。仕事のときめきに直結

次は小物類です。家に比べて量も種類も少ないので、肩の力を抜いて取り組みましょう。

仕事場にどんな小物類があるのかをざっと見渡し、種類ごとにものを集めていきます。ものが入り乱れていて種類別に分けるのが難しいときは、引き出しの中身をすべて机の上などに出し、残すものを選別しながら種類分けしていく方法でもOKです。

仕事場の小物の分類は、以下のように分けられます。

・文房具（ペン、ハサミ、ホチキス、テープなど）
・電気系（デジタル機器、電化製品、コード類など）
・業務に関する小物（サンプル品、画材、制作に使うパーツなど）
・ケア用品（医療品、サプリメント、コスメなど）
・食品系（お茶、お菓子、使い捨てのカトラリー、小袋の調味料など）

仕事場における文房具の片づけは、ボーナスステージです。なにせあっという間に終わり、ビフォーアフターの差も歴然。ときめくペン、ときめく付箋、ときめくクリップ。片づけ後は、

【小物類・思い出品】

次はどの文房具をお気に入りのものに入れ替えようか、ワクワクしながら計画を立てましょう。

電気系は、使い勝手がいまいちなものや壊れたものは手放し、使うだけで気分が上がる、こだわりのものを選びます。何本もあるイヤホンやコード類も、感謝して手放します。

業務に関する小物は、仕事のときめきの源泉となる、最重要アイテム。ときめくものを選ぶことでインスピレーションが湧き、新たな創作意欲やアイデアが生まれるケースも多数。アート系や技術系の仕事に限らず、**片づけの労力対効果が甚大なので、時間をかける価値あり**です。

目薬などのケア用品、お茶やお菓子などの食品系は、疲れたときの救世主。高級品である必要はありません。古いものはスパッと手放し、箱で仕切って、立てて並べて、ただ美しく収納するだけ。もののエネルギーが格上げされ、使うときの気分も3倍増しになります。

仕事場にある思い出品は、「ご縁系」と「成果系」の2種類です。寄せ書きやメッセージカードなど、人とのご縁に関わるものか、表彰状や作品そのものなど仕事の成果に関わるものか。どちらも「今でも自分を励ましてくれるものかどうか」という基準で残すものを選びます。**とっておきの思い出品は、壁に飾ったり、引き出しのすぐ見える位置に入れたりして、日々味わうのがおすすめ**です。

思い出品は、仕事のエネルギーに転換する。仕事場の片づけ効果を最大化する秘訣です。

KonMari's memo
仕事場の文房具　ハサミやホチキスなどの道具系は、1つあれば十分。付箋やクリップなどの消耗品系は必要な分をストック。

使いやすいデスクの収納と、もっと仕事場をときめかせる工夫

思い出品まで、すべてのカテゴリーで残すか手放すかの判断が終わったら、仕事場の収納を考えましょう。**ポイントは3つです。「すべてのものの定位置を決め、カテゴリーごとに収納する」「箱を活用し、立てて収納する」「机の上には基本、何も置かない」**。

片づけてもリバウンドするのは、定位置が決まっていなくて、ものを戻せないからです。同じカテゴリーのものはまとめて収納し、その場所を定位置にします。

一般的なデスクの場合、**いちばん上の引き出しに名刺と文房具類、2番めの引き出しに充電器やケア用品や食品類、3番めの引き出しに書類をしまうのが基本パターン**です。

デスクの限られたスペースを有効活用するのに使いたいのが、大中小の箱です。名刺が入っていた箱やスマホが入っていた箱など、空き箱を活用しましょう。文房具やＵＳＢメモリなどのこまごましたものは、カテゴリーごとに箱に入れて引き出しに収納していきます。

箱を使って引き出しの中を仕切っていくと、収納が崩れにくく、ひと目で何がどこにあるのかがわかります。消しゴムや付箋など、箱に収納するときに立てられるものは立てて収納すると、省スペースになり、見た目がすっきりします。

KonMari's memo

デスクの上に置くもの　ペンやメモ帳は出しっぱなしにしがちだが、引き出しの中に定位置を決めると片づけやすくなる。

デスクの上は、収納スペースではなく作業スペースだと考えてください。何も置かない状態が基本です。作業中のデスクの上には、そのとき仕事に必要なものだけが置かれていることになり、集中できる環境が作れます。

ペン立ては置いておきたいなど、自分が仕事をするうえでのこだわりがあれば、厳選したものだけを置きます。気持ちよく使える作業スペースと、どこに何あるか把握できる収納を目指して、仕事場の片づけを進めていきましょう。

仕事場の片づけのなかでも迷いがちな**書類を収納するには、次の3つのポイントがあります。「1枚残らず明確に種類分けをする」「立てて収納する」「未処理ボックスを作る」**ことです。

すべての書類は、種類ごとに分けます。

ときめく仕事場の環境

仕事がはかどるデスク周りのポイント

- ☑ デスクの上をものの保管場所にしない
- ☑ ものの定位置は引き出しの中にする
- ☑ 進行中の書類は未処理ボックスへ

企画書、報告書、請求書などに分けたり、顧客別、プロジェクト別に分けたり。残した書類は、積み重ねずに立てて収納するのがポイント。全体の量が把握しやすく、探しやすくなります。そして、**対応が必要な書類が紛れないよう、未処理ボックスを作るのは必須**です。やるべき仕事の残量がわかり、対応もスムーズにできます。

どこにどんな書類をどれだけ持っているかを把握できたら、その後の管理は簡単です。保管できる量がわかるので、その容量を超えたら見直しのサイン。役目が終わったり保存期間が過ぎたりした書類を処分し、書類が一定量以上は増えないように調整します。

スキャンして書類を保存しようと思ったときは、行動に移す前に、保存する必要がある書類かどうかを今いちど考えます。

「クリエイティブな仕事をしている人は、仕事場はある程度散らかっていたほうがいい」という意見があります。さっぱりした仕事場では創造性が発揮できないというのです。仕事場を片づけるかどうか迷っているあなたは、次の4つの質問を自分に投げかけてみてください。

あなたは今、ここで仕事をすることに前向きな気持ちになれていますか
この仕事場で仕事をすることにときめいていますか
自分のクリエイティビティが100%発揮されていると感じますか
明日もその仕事場で働きたいと思いますか

すべての答えが「はい」であれば、今の仕事場のままで十分ときめいていることになります。しかし、心がもやっとしたり、沈んだりする感覚があれば、仕事場の片づけを試してください。自分が今の環境をどう感じているのかが大切です。すっきりとした仕事場にときめくのか、乱雑な仕事場にときめくのか。自分のクリエイティビティが発揮できるのはどんな環境なのかがはっきりすると、片づけのモチベーションが上がります。

仕事場の片づけ祭りと収納が終わったら、ときめきをプラスしていく方法を考えます。

きれいな状態を保つために、お気に入りのふきんや好みの香りのウェットシートなどを仕事場に置き、毎朝仕事のスタート前に拭き掃除をすることはおすすめです。上にものがないデスクを拭くだけなら、かかる時間は数十秒。仕事モードにカチッとスイッチが入ります。

ペンやペン立て、ハサミやテープなど仕事で使うものは厳選して、見るだけでうきうきするものをセレクト。好きな写真や花をデスクに飾るのも、ワークスペースが華やぎます。デスクに置くものの色を揃えたり、アロマグッズを置いたり。ときめく仕事場作りを楽しみましょう。

「好きな仕事のはずなのにやる気が起きない」、「どうも頭が働かない」ときは、エネルギー不足のサインです。とっておきのカップでゆっくりお茶を飲む、ランチの時間に少しだけでも散歩に出てリフレッシュするなど、自分の心と体が喜ぶことをこまめに実行してみてください。

「1日3回、仕事の合間にときめき注入！」が合言葉です。

今や仕事上でも欠かせなくなったスマホのアプリの片づけ方

仕事場の片づけを終えると、気になってくるのがデータの片づけです。たとえば、スマホのアプリ、パソコンの中のデータ、Eメールの受信ボックスなど。デジタルデータやアプリは、何でも保存できるうえ、どのくらいの量が溜まっているのかを実感しにくいものです。いつの間にかデータは溜まりに溜まり、いざ使おうとしたときに必要なものが探しにくい…。そんな状態になっていることは多々あります。

こうした非物理的なものも、こんまりメソッドを応用して片づけていきましょう。**基本のステップは、「理想の状態をイメージする」→「カテゴリー別に残すか手放すかを判断する」→「使いやすいカテゴリーに分けて戻す（収納する）」**です。

手始めとして手軽でおすすめなのは、スマホのアプリです。

改めて、あなたのスマホのアプリの数を数えてみてください。こんなにたくさん入っていたのかと驚く人も多いのではないでしょうか。スマホにインストールしているアプリの数の平均は、約19個だそうです（MMD研究所×スマートアンサー「2022年版スマートフォン利用者実態調査第2弾」）。平均よりも数が多いか少ないかはともかく、大事なのはその状態にとき

KonMari's memo
アプリ数の確認法① iPhone／設定→一般→情報→アプリ
Android／設定→アプリ→表示→すべて

めいているかどうか。不要なアプリは手放して、スマホの画面をすっきりさせましょう。

まずは、理想の状態をイメージしてみます。アプリを片づけて、スクリーンをどのような状態にしたいですか。一軍のアプリだけをぎっしり一面に並べた状態にしたい、壁紙にしている写真をいつでも眺められるようにしたい、横にスワイプするのは2画面ぐらいまでにしておきたい、など。**自分が使いやすいときめく画面と配置はどんなものか、考えてみます。**

次に、アプリを1つ1つチェックして、ときめくものだけを残します。

私の場合は、ウーバーイーツ（Uber Eats）がその1つ。特に、アメリカにいるときは欠かせない、お助けアプリです。仕事で忙しくて余裕がないときも、ワンクリックで家までお寿司が届く安心感といったらありません。

私はもともとアメリカのお寿司に対して懐疑派でした。しかし実際に食べてみると、美味しいのです。アボカド入りのものが断トツに美味しく、アボカドとサーモンのカリフォルニアロール、定番の鉄火巻き、ハマチのカマ焼きなんかもあって、今日はデリバリーという日はお寿司一択でした。つまり私にとって、ウーバーイーツはときめくアプリです。

あなたのスマホの中のアプリは、それぞれどんな幸せをもたらしてくれるでしょうか。

スキルアップのための英語の勉強用アプリ、息抜きに読む漫画アプリ、ほぼ使っていない家電量販店のアプリ、クーポン目当てでダウンロードしたカフェのアプリ…。

KonMari's memo アプリ数の確認法② Google Playストア→マイページ→アプリとデバイスの管理→管理→インストール済み

手放すアプリは、感謝して潔くアンインストールしましょう。必要になったら、再度インストールすることもできます。すぐに削除する判断ができないときは、フォルダを作成し、使っていないアプリをしばらく残しておくというのも手です。

ときめくアプリだけが残ったら、種類別にして画面上で整理します。フォルダを作って分けると管理しやすくなります。**「SNS」「仕事」「健康」「ファイナンス」など、自分の興味に合わせたオリジナルのフォルダを作って整理。頻繁に使うアプリは、各フォルダのいちばん前に優先してまとめます。**

私は、メール、カレンダー、写真などの基本的なアプリはそのまま画面に置き、

スマホのホーム画面もときめき仕様に

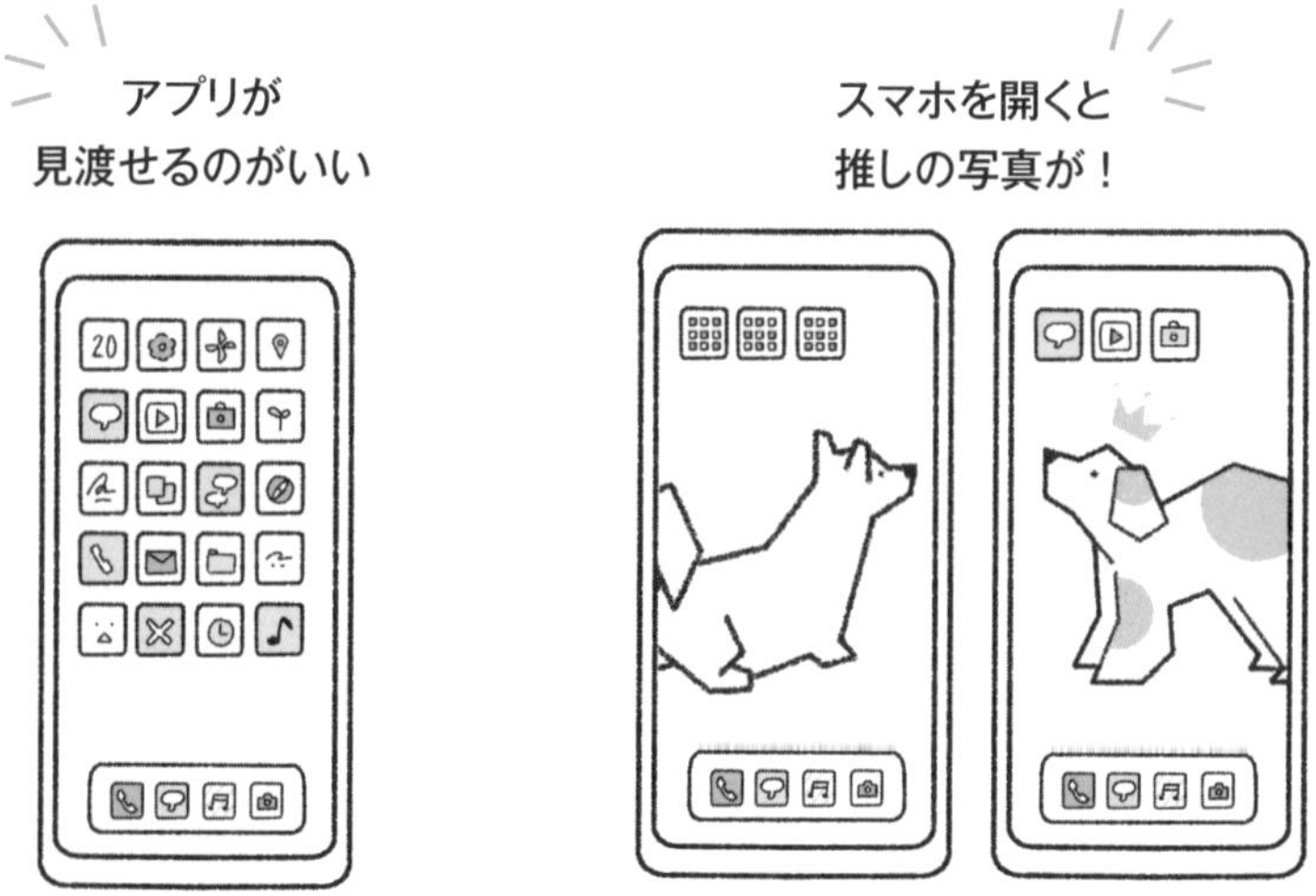
アプリが見渡せるのがいい
20
スマホを開くと推しの写真が！

機能性を重視

よく使うアプリは最初の待ち受け画面に配置。種類ごとフォルダに分けても。

写真を楽しむ派

ペットや子どもの写真などを待ち受け画面に。アプリは写真が隠れない程度に置く。

それ以外のものを「Business」「Life」「Joy」の3つのフォルダに分けて整理しています。ホーム画面に出ているアイコンは、全部で10個ほど。この10個を3つの画面に分けて、待ち受けにしている子どもたちの写真が、隠れないように配置しています。アプリにたどり着くまで3回横にスワイプする手間がありますが、スマホを見るたびに壁紙の写真を堪能することを優先しているので、気になりません。あなたも、自分にとって心地よいアプリの配置をぜひ考えてみてください。

スマホの写真データの片づけも、忘れてはいけません。溜めるほどに整理するのがおっくうになるので、**撮った写真はその日のうちに整理するのが基本**です。

ポイントは、**削除する写真を選ぶのではなく、ときめく写真を選ぶ**こと。似たような写真があるなか、ときめくものにだけお気に入りマークをつけ、他の写真は一気に削除する、という手順を踏むと、スピーディーに片づけることができます。重複した写真を洗い出すアプリやピンボケ写真をキャッチして削除するアプリなどを活用するのも手です。

私たちにとって今や、欠かせないアイテムになったスマホは、使いすぎてしまうのが難点。スマホを触っている時間が長いほど、仕事の効率は低下しがちです。使いすぎ防止のタイマー機能を活用したり、アプリの通知機能をオフにしたり、**さまざまな手を使ってスマホとの心地よい距離感を構築しましょう**。

KonMari's memo アプリの通知機能 意識して必要ない通知は受け取らず、通知音はオフ、通知が届いた印のバッジを付かない設定にしても。

探したい資料をすぐに見つけるために。パソコンの中のデータの整理

パソコンの中のデジタルデータについても、片づけ後のゴールイメージを考えてみましょう。デスクトップやフォルダが、どのような状態になっているのが自分の理想なのか。普段の仕事の手順も併せてイメージすると、よりリアルに描きやすくなります。

理想を思い描いたら、残すべきデータと削除するデータを整理していきます。既にフォルダに入れているものは、フォルダの中で選ぶ作業をしてもいいでしょう。パソコンのハードドライブなど、収納場所が分かれている場合は、場所ごとにチェックしていきます。**残すデータは、「今使っているもの、今すぐ対応が必要なもの」「一定期間残しておくもの」「ずっと残しておくもの」の3つ**です。

ポイントは、残すデータには検索しやすいタイトルをつけること。フォルダを作るときも同様で、フォルダ名に日付や案件ごとの名前を明記しておくことで、あとから検索で探しやすくなります。

フォルダ分けに関しては、片づけをするこの機会に、一新してしまうのもおすすめです。新しく収納する理想のフォルダの構成をあらかじめデザインしてから、空のフォルダを先に作り、

そこに収納するようにします。**フォルダ名の最初に「01」「02」などの番号をふると、その順番にフォルダが並ぶので管理がしやすくなります。**

特に、複数の人でデータを共有している場合は、わかりやすいフォルダ分けは必須です。

もっとも大事なのが、デスクトップ。その名のとおり、机の上と同じだと考えてみてください。**今まさに作業中のものや、アクションを起こさないといけない未処理のデータだけがある場所にしておくのが理想的**です。

といいつつ、私もデスクトップをきれいな状態に保つことに長年苦戦していました。しかし、デスクトップの写真を季節ごとにお気に入りのものに入れ替えるようにしたら、改善されたのです。ときめく写真の上を散らかしたくないという意識が働くのと、入れ替えのたびについでに整理する機会になるからです。片づけのモチベーション維持に、ぜひ試してみてください。

ここまで、一般的なデータの片づけについて紹介しましたが、自分だけで使うパソコンであれば、細かいフォルダ分けは不要な場合もあります。

「欲しいデータは検索すれば見つけられるし、保存もクラウド上にしているから容量も気にしない」という場合は、ファイルのタイトルだけは検索しやすいように名前をつけて、あとは1つのフォルダにただ入れるだけ、というのもシンプルでお手軽です。

デジタルデータに関しては、職業や立場によって管理の仕方はさまざまなので、基本の考え方だけを知っておき、応用の仕方を検討してみるのがいいでしょう。

KonMari's memo
デスクトップのデータ 使ったデータはその日のうちに保存場所に片づけるか、確認して削除するかで散らからない工夫を。

ときめきと必要なものを見極めて メール対応に使う時間を減らす

メールの片づけ方も、CHAPTER3で紹介した書類の片づけと基本は同じです。考えるべきは「保存」か「未処理」か。**メールの受信トレイに置くのは「未処理」だけ、それ以外はフォルダに保存する、と考えるとシンプルです。**

受信トレイに置く未処理のメールは、返信や対応などアクションが必要なものと、これから目を通す未読のものだけをおきます。

不要なメールは削除し、残しておくメールは、フォルダを作って振り分けます。フォルダは、業務内容や取引先などで分けて、あまり数を増やさないほうが整理の時間が短くなります。

私の場合、未処理のメールは管理しやすいように、50件以内に収めるように意識しています。残しておくメールのフォルダ名は「仕事」「プライベート」「ファイナンス系」など5つまで。これ以上多いと、把握しきれないからです。

職業や好みによっては「検索して探せれば問題ない。フォルダ分けは不要」ということがあるかもしれません。その場合は、保存用のフォルダ1つにまとめてしまうのも手です。

受信トレイの片づけをしていると、読まずに削除するメールが多いことに気づきます。以前登録したメールマガジン、クレジットカード会社やポイントサービス会社からのキャンペーンのお知らせなど。読まないメールを削除する、これほど不毛な時間の使い方があるでしょうか。

ここでも大事なのは、「そのメールを受け取ることに、ときめくか」。ときめかないメルマガは登録を解除したり、お知らせの種類を限定したりして受信するメールを厳選します。**片づいたメールボックスを維持するポイントは、届くメールの数自体を減らすこと**です。

メルマガをフォルダに振り分けてアーカイブしても、そのメルマガを読み返すことはほぼありません。今の自分にとって必要なメルマガか、未来の自分にとってときめくメルマガかを問いかけ、確認しながら取捨選択していきます。

ネットショッピングする際は、注文画面を最後まで見て、余計な情報が送られてこないように、お知らせを受け取るという欄のチェックをはずすことを心がけるのも1つの方法です。

見落としがちなのが、迷惑メールやごみ箱のフォルダ。

「え？ そこは片づける必要ないのでは…」と思われるかもしれませんが、こうした見えざる部分の片づけこそ、ときめき感度をアップするのにてきめんに効果があります。ときどき全消去するようにしてみると、驚きのすっきり感を得られますので、試してみてください。

メールボックスを片づけると、必要な情報がタイミングよく入ってくるような気がします。「最近、いい情報が入ってこない」「仕事運をアップさせたい」という人には、メールの片づけをおすすめします。

ときめく時間を優先しよう。時間の使い方を自由自在に

「時間がない」「やるべきことが終わらない」「いつも何かに追われている」。仕事の時間の使い方をうまくコントロールできず、悩んでいる人は多いのではないでしょうか。

時間の片づけは、ひと筋縄にはいきません。理由は、流動性です。物理的な片づけと違い、時間の定位置を決めても、実際には固定されません。気分や体調のほんのちょっとの違いで、どんどん時間は流れていきます。

時間はそもそも流れていくものだという前提のもと、いかに時間に対して意識的でいられるか。それが時間の片づけのポイントです。

まず、したいことは、冷静な現状把握。仕事の時間を、自分はどのように使っているのか、明確に把握することが第一歩です。何時から何時まで、どんな作業をしていたのか、細かい動きも含めて詳細に書き出してみます。

書き出すと、さまざまなことに気づきます。不要なリサーチに時間をかけすぎている、急な来客で予定の仕事が進まなかったなど。また、スマホの使用履歴やインターネットの閲覧履歴

KonMari's memo
時間を可視化するツール　Googleカレンダーや、時間軸が書かれた週間バーチカルタイプの手帳などがおすすめ。

を振り返ってみると「こんなに時間を無駄に使っていたのか…」とショック効果は抜群です。

現状に向き合いながら、1つ1つ、ときめく時間か、そうでないか、振り返ってみましょう。

ときめく時間とは、やりがいを感じる仕事や好きな作業はもちろん、勉強など自分の成長につながる時間、有意義な会議など未来に価値を作る時間も大事な立派なときめきです。

ときめかない時間に関しては、可能な限り減らす方法を考えます。無駄な動きをしていたり、なくてもどうにかなるタスクがあったりすれば、思いきってカット。ミーティングを5分間短縮する、このプロジェクトは時期をずらす、会議を減らすなど、ときには上司やクライアントと交渉をしながら決断していく必要があるかもしれません。

基本的な整理ができたら、改めて考えたいのは、理想の時間の使い方についてです。書き出した現状をもとに、今あるタスク、使う必要のある時間、これから加えたい時間などを考え直し、あなたの理想のスケジュールを組み立ててみましょう。

しかし、問題が起きるのは大抵ここからです。「どのようにしてスケジュールを組み立てたらいいのかわからない」「きちんとスケジュールを立てても、いつの間にかなし崩しになってしまう」。多くの人がここで立ち止まってしまいます。

どうすれば、ときめくスケジューリングが継続できるのか。とある時間管理の達人に、そのコツを聞いてみたところ、彼の答えはずばり「定期的に自分と向き合う時間をとること」。

彼は、2週間ごとに1時間ほど時間をとり、なぜ自分は働いているのか、仕事を通じてどんな未来を実現していきたいのか、理想の働き方はどんなものなのかを考え、そのうえで今あるタスクの優先順位を明確にしています。さらに毎朝10分、その優先順位を元に、その日やるべきタスクを決めてから仕事にとりかかっている、というのです。

想像以上の頻度と時間の掛け方にびっくりしつつも、いわれてみれば、**日々状況が変わる仕事に対応するには、時間の使い方もこまめに見直していく必要がある**ことが理解できます。

2週間ごとに1時間、とまではいかないまでも、毎日5分でも「今日するべきことは何か」の優先順位を確かめる時間を、定期的にとることはおすすめです。

私の場合、忙しいときほど優先順位を高くとると決めているのは「自分を整える時間」です。たとえば、3分間目を閉じて瞑想する、ティータイムを短時間でも楽しむ、疲れていたらストレッチで体をほぐす、など。心や体を整える時間を強制的にでもとったあとに仕事に取り組んだほうが、いいエネルギーで仕事に向き合えるからです。

このように、**使う時間の優先順位について考えることは、仕事だけではなく、プライベート**

KonMari's memo
ときめかない時間「気乗りがしないけれど顔を出しておかなくてはならない会合」など、手放す時間を意識することも大事。

とのバランスを考えるときも同じく重要です。

今のあなたにとって、理想の仕事とプライベートのバランスはどのようなものでしょうか。とにかく仕事に邁進したい時期、家庭を大事にしたい時期、まずは体調を整えたい時期。人生における優先順位は、ライフステージによって変わっていきます。

今の自分に、どの要素が必要で不要なのか、常に自分のときめきに向き合うこと。家や仕事場などの物理的な片づけが終わったあとだと、ときめきの優先順位づけがスムーズにできます。

予定を組む際のポイントは、「優先したい時間」をまっ先にスケジュールに入れることです。

家庭と体調が優先の時期であれば、まずは日々の家族だんらんの時間を確保し、そして自分の心と体をリセットするためのリラックスの時間をとってから、残った時間で仕事の予定を調整する…といった手順で予定を組んでいきます。

両親との時間を優先していきたいのであれば、連絡を取る時間を増やす、帰省の回数を増やすなどの工夫をして、予定を確実に確保していきます。

「時間ができたら」という考え方は禁物です。あなたの人生にとって、本当に大切なもののために時間を使いましょう。

時間を見直すことは、自身の生き方を見直すことにつながります。

CHAPTER 4 仕事回りにも着手。キャリアが輝く

KonMari's memo

余白の時間　予定をぎちぎちに詰め込んでしまうと、想定外の事態に対応できない。余白の時間をとって調整できるように。

大切な人をもっと大切にしたいから人間関係を見直して片づける

家族や仕事仲間や友人関係…。私たちは、日々たくさんの人と関わって生きています。さらに、最近はＳＮＳなどによって、世界中に住む人々とつながることができる時代になりました。そんななかで、あなたが本当に大切にしたい人は誰ですか？　ときめかない人間関係に時間を使いすぎていませんか？

「最近、人付き合いが疲れる」「自分だけが損をしているみたいに感じる」。

こんなときは、人間関係の片づけが必要なタイミングです。人脈を片づける、という言葉に抵抗があるかもしれませんが、**人間関係の片づけこそ、目的にとことんフォーカスすることをおすすめします。本当に大切な人を大切にするために片づけをする**、ということです。

まずは、**理想の人間関係を思い描いてみてください**。たくさんの人に囲まれて楽しく過ごすことが好きな人もいれば、少人数で深く話し合える人間関係が好きな人もいます。自分はどんな人脈をもっていたいのかを改めて考えてみることで、現実とのギャップや改善したいところなどの具体的な解決策が見えやすくなります。

次にするのは、**人脈を棚卸しする作業です**。家族、親戚、仕事関係、友人、趣味の仲間など、自分をとりまく人たちを関係性などで分け、ノートなどの紙、もしくはパソコンやスマホのメ

KonMari's memo
人脈を書き出す効果　名前を書き出すことで、「お礼をしていなかった」、「お祝いをいいたい」などを思いつくこともある。

モに、名前を書き出してみます。1人1人に対して、片づけのときめきチェックと同じように向き合い、より深めたい関係なのか、距離をとっていきたいのかを整理していきます。

書き出すのが大変なときは、スマホの電話帳やSNSの友だちリストなどで、連絡先を整理する方法もあります。名前を見ながら、「あのときお世話になった」と、感謝が自然に湧いてくる関係もあれば、顔も思い出せないような人や、その人との嫌な思い出が蘇ってしまう、もやもやする関係もあります。出てくる感情に向き合いながら、ときめかない関係は手放します。

このとき、SNSとの付き合い方自体も見直してみると効率的です。違和感があったり、使っていなかったりするSNSは、いちどやめてみるのもいいでしょう。ネット上のグループやコミュニティに属している場合は、続けるかどうかを検討してみてください。

ときめくかときめかないかで判断したあとの人間関係の手放し方は、「もう連絡しませんから」とわざわざ宣言する必要はなく、また、誰かと決別する必要もありません。

この関係性での学びは完了と感じたら、徐々にフェードアウトすればよいのです。そして、気がのらない人からの誘いはやんわり断るようにして、少しずつ距離を置いていきます。団体などに参加している場合は、退会の手続きが必要になりますが、そうでない場合は、特に何かをする必要はありません。

人間関係を手放すときにもっとも重要なのは、自分の心の状態です。怒りや恨みなどのネガ

KonMari's memo
SNSでのつながり　前向きな気持ちで読んだり書き込んだりできないSNSでのつながりは、見直してみる対象に。

ティブな気持ちが強いまま手放すと、思い出すたびに嫌な気持ちがぶり返したり、また同じような人間関係の悩みを繰り返したりになりがちです。できる限り、その関係性から何を学んだかを明確にして、感謝の気持ちで手放すようにしましょう。

配偶者や親子など、家族間の人間関係の問題は、人生のなかでも最難関といえる難易度です。いきなりハードルの高い問題に取りかかるよりも、心理的負担がより少なく、自分次第で整理できる関係があるはずです。まずは**手放しやすい人脈の片づけから始めて、自分の心を少しずつでも軽くしていきましょう**。

人との関係は手放すという方法以外に、距離をとる、コミュニケーションのとり方を変える、相手への期待値を下げるなどもあります。自分なりのバランスのとり方を見つけてください。

人脈を片づけることを実行して以来、私は定期的に自分の人間関係を振り返るワークを行うようになりました。具体的には、今自分が関わっている人の名前をノートに書いて、1人1人に対して感謝の気持ちを書いていきます。そうすることで、その人たちをもっと大切にしようという気持ちになって、よりよい人間関係が育めるようになりました。

人間関係の片づけは、手放すために縁を切る作業ではなく、自分の周りの大切な人や仲間たちを再認識する作業です。ときめきで残した人をより大切に思い、関係性が前以上に密になります。実際、人間関係の片づけをして、「最近、親に連絡していなかったことを思い出して、手紙を書きました」という人もいました。また、「この仲間と一緒に新しいプロジェクトに取り組んでみたい」と、新たな仕事の展開を考えるきっかけになることもあります。

今の人間関係に違和感があるのなら、自分の人脈を見直して、感謝して手放していきましょう。そして、**ときめく人間関係を残してその人を大切にしていくことで、人生がよりときめくものになっていきます。**

あなたが深めたい人間関係は…？

部署が変わっても、
気にかけてくれる。
親身になってくれて、
頼れる
元上司
友人
何でも話せる。
失恋したとき朝まで
一緒にいて、
なぐさめてくれた
小さい頃、休日も
仕事の母に代わって
食事の世話や
面倒を見てくれた
親戚
定期的に
人間関係を振り返る
どんな人？
どんな関係？
どんなところがときめく？

仕事場を片づけた先にある、ときめく働き方、ときめく人生！

この章では、物理的な仕事場の片づけに加え、データなどの非物理的な片づけについても紹介してきました。

仕事場の片づけを経験した多くの人たちは、それまでと意識が変わり、行動が変わり、選択が変わるため、人生が大きく変わっていきます。片づけを通して、現在の仕事や働き方を見つめ直すと、よりときめくワークスタイルにシフトチェンジしたくなるからです。結果、今の仕事で昇進したり、転職したり、独立・起業したりという変化が実際に起きてくるのです。

たとえば、大手出版社に勤務していたミフユさんの場合。

ファッション誌の広告担当だった彼女は、職業柄ブランド品を身に着け、高収入で誰もがうらやむようなキャリア人生を送っていました。しかし、心のどこかで無理をしている気がしていたため、片づけ祭りに取り組むことにしました。

自宅の片づけで、ものの量は4分の1に。20万円のジャケットや高級ドレスよりも、白いTシャツやはきなれたジーンズ、肌触りのよいネイビーのストールが、自分の次のステージにしっくりくることを彼女は直感しました。

次に彼女が取り組んだのが、仕事場の片づけ。雑誌や原稿、書類に埋もれていたデスクが、4時間後にはクリアファイル2つ分の書類と文房具、3冊の本だけという状態になりました。

この2つの片づけで、ミフユさんには大きな変化が起こったのです。

かつては働きすぎから抑うつ状態と診断されたこともあった彼女でしたが、片づけ後は心が安定し、落ち着いて仕事ができるようになりました。

「これまでは仕事がうまくいかないと、環境や周りの人のせいにして、不満を溜め込んだり、失敗を悔やんで落ち込んだりしていました。でも今は『今度からはやり方を変えよう』『気づかせてくれてありがとう』と、前向きに捉えられるようになったんです」と彼女はいいます。

こうした変化は、片づけをしていくなかで、自分の過去の選択に後悔したり、恥ずかしさを味わったりする経験を繰り返すことで起きてくるものです。この過程を乗り越えると、自分のどんな選択も受け入れ、失敗を学びに変えるポジティブな思考が自然と身につくのです。

片づけから3年後、ミフユさんは会社を退社し、組織に属さないフリーランサーとなりました。今では本を何冊も出版する著者となり、自分の好きな仲間と好きな仕事をし、世界中を旅しながらコンテンツを発信する、理想のキャリアを実現しています。

もちろん、ときめくキャリアを実現するのは、独立や転職の道だけではありません。

もしあなたが、今の仕事に対して、もやもやを抱えているなら、おすすめなのは「仕事のときめき分析」です。これは、**仕事のなかの何にときめいて、何にときめかないかを分析すること。ときめかないことに関しては、それが自分でコントロールできることか、できないことかを考えて、仕事へのときめきをクリアにする、いわばキャリアの片づけ**です。

たとえば、「通勤ラッシュで疲れてしまう」のがときめかないのであれば、通勤時間を変えることはコントロールできることなので、即実践すれば負担を減らすことができます。

一方、「取引先の人とそりが合わなくてストレスを感じている」というケースは、コントロール不能に見えますが、そのなかで自分ができることを考えてみます。上司に相談して担当を変えてもらう、コミュニケーション法を勉強して関係改善を目指してみる、それでもだめなら仏教を学んで心の持ちようを変えてストレス自体をなくしてしまうなど、真剣に考えてみると意外に方法はあるものです。

大事なのは「仕事にときめかない」という、もやもやした状態をそのままにしないこと。ときめかない理由を明文化するだけでも、心が落ち着いたり、悩みがすっと気にならなくなったり、などの変化が必ず起きてきます。

なにより注目したいのは、仕事のなかの「ときめくこと」です。

KonMari's memo
新しいステップに踏み出すには 今持っている何かを感謝して手放すと、新しいときめくものとの出会いを連れて来てくれる。

今のあなたの仕事で、ときめく要素は何ですか？

書類の端がピシッと揃ったとき、会議でチームの意見ががっちりまとまった瞬間、ブレストでいいアイデアが出たとき…。どんな小さなことでもいいのです。

「私は仕事のこの部分にときめいている」ということに意識的になるだけで、ますます仕事が楽しくなっていきます。ときめくことにフォーカスするほど、仕事への不満や不安を感じる時間やエネルギーが相対的に小さくなり、気にならなくなるという効果があります。

仕事のなかの、ときめくことにフォーカスする。ときめかないことで手放せるものは、感謝をして手放し、変えられるものは前向きに行動して変えていく。こんまりメソッドをキャリアに応用することで、仕事がときめくものへと、少しずつ調整できるようになるのです。

起業する、副業を始める、今の仕事に邁進する。働き方に絶対の正解はありません。重要なのは、あなたにとってのときめく働き方を知ること。**仕事に対する自分の価値観を明確にするのに、片づけほど有用な手段はないと、私は断言します。**

仕事場をはじめ、データ、人間関係、時間など、本書で紹介している「片づけ学」を、ぜひ1つ1つ実践してみてください。

片づけの先にあるのは、あなたのときめくキャリア、ときめく人生です。

自分が目指す人生のために。思考と環境のトランスフォーメーション

林さんがこんまりメソッドを実践しようと思ったのは、会社員からフリーランスに転身した2022年でした。「自分の力で生きていくと考えたときに、今の状況のままではよい仕事ができないと直感し、周りの環境をよくするために片づけを始めました」。

林さんが片づける対象は、自分の仕事部屋と衣類や靴など自分の持ち物。子ども部屋やキッチンなどは対象外です。こんまりメソッドは、シンプルなプロセスがわかりやすかったといいます。「最初に全部出すことに抵抗がある人が多いと思いますが、実はこれが大事で、絶対にやったほうがいい。『お前、ここにいたのか!』という洋服や、10年くらい前にコストコで大量買いした缶詰などが出てきました。部屋にあるものが自分でも把握できていませんでした」。

難しかったのは、オーダーメイドのスーツを手放すときでした。「高かったという意識からはじめは踏ん切りがつきませんでした。しかし手放す決断をすると、気に入っている(心がときめく)ものだけを残したくなり、判断のスピードが上がりました」。片づけを実践したら、

林 和志郎 さん

KAZUSHIRO HAYASHI

1976年生まれ。東京都在住、コンサルタント・講師。家族は、妻と10歳、6歳の娘2人。

お金の使い方も変わりました。たとえばアウトレットモールに行ったとき、今までなら、「セールで安くなっているから買おう」と考えていたのが、気に入っているかどうかが購入判断基準に変わったため、気に入ったものに出合わなければ何も買わなくなりました。

「こんまりメソッドでは、全部のものを出してときめくものだけを残して収納を組み替えていくので、男性には、片づけというよりトランスフォーメーションといったほうがしっくりくるかもしれません。自分が目指す人生のための『思考と環境のトランスフォーメーション』ですね。持っていたものが死にかけの状態だったのに、ときめくものだと認識して収納し直すと息を吹き返す。ちゃんと生命力のあるものに囲まれている状態になるのは感動します」。

また、人によっては、片づけは家族に文句をいわれて渋々やらされることと考えているかもしれないと林さんは語ります。「このときの片づけは、家族に怒られないレベルまで行う受け身の作業ですが、こんまりメソッドで自ら取り組む片づけは、自分の人生の目標に到達するための環境作りなので、目指しているステージがまったく違うのです」。

林さんはこんまりメソッドと出合ったことで、よく瞑想して自分と対話するようになりました。「これが自分にとっていいことなのか悪いことなのか」と自分に確認します。

林さんは、本当に人生をよくしたいのなら、片づけを絶対やるべきだとアドバイス。「よくわからないものに囲まれた生活より、気に入っているものだけに囲まれた生活のほうがテンションが上がります。少しでも早くそういう状態にすることで、この先の日々が充実していきます」。

片づけ期間「約5カ月」

衣類	本類	書類	小物類	思い出品
2日	1日	1日	2日	1日
4時間×2回	4時間程度	3時間程度	4時間×2回	4時間程度

CHAPTER 4　IKEGAMI'S EYE

池上は、こう読んだ

仕事場の片づけとなると、私には耳の痛いことばかり。仕事場の机の上は書類や本だらけだからです。それでは「生産性の低下」や「意欲の低下」につながってしまうとのこと。そうか、自分が本の原稿をなかなか書き進められないのは、片づけができていないからなのか。そう気づかされると、片づけを進めようという気になります。それでも書けなかったら…それは自分の能力の問題なのか。

そういえば、本や資料を机に積み上げてしまい、必要なものがどこにあるのか探し回ることをしてしまいます。それでは、仕事のたびに捜索活動から始めることになり、いつまで経っても仕事がはかどりません。そんなこと、わかっちゃいるけど…と言い訳ばかりしていたのですが、こんまりメソッドを使えば、一気に解決できるのだとわかりました。あとは実行すればいいのです…。

片づけ学は、遂に「人間関係の片づけ方」まで進んできました。最近私宛の年賀状に「賀状の挨拶は今年限りとします」というものが増えました。多くの人が、こうやって人間関係を整理しているのです。でも、こうした賀状を送ってくる人とは、毎年儀礼的なやりとりをするだけの関係になっていたことに気づきます。「この人とは縁を切りたくない」という再確認。それが人間関係の棚卸しです。

CHAPTER 5

片づけを通して考えたい環境のこと

社会や地球の未来が整う一歩へ

職業としてのニーズが高まる片づけ。一方で、手放し方の工夫や片づけを通して消費行動を見直したり、環境に配慮したりすることが必要になってきています。

— TIDYING STUDIES —

個人だけではなく、世界、そして地球も整えられる「片づけ」のこれから

片づけの意義と、方法、それをすることによって起こる変化について、さまざまなことを紹介してきました。この章では、片づけの未来について考えていきましょう。

まず、**考えたいのは、片づけにおける多様性について**です。片づけというと、女性のテーマである、という認識は、今でも根強く残っているステレオタイプの1つかもしれません。

これは、かつて日本では専業主婦世帯の割合が多く、役割として家事を担っていたのが女性だったからで、一概に間違いというわけではありません。しかし近年、共働きの家庭は増加し、今や共働き世帯は7割近くとなりました（内閣府「令和4年版男女共同参画白書」）。

それに伴い家事も片づけも男女平等になったのかというと、そうではないようです。6歳未満の子がいる共働き世帯の男性の家事などの時間は1日平均1時間54分、女性は6時間31分。女性の方が3倍以上も多くを担っているのが実情です。

そもそも片づけは、性別や年代を問わず、すべての人に関係のあるテーマのはずです。人がものを持って生活している限り、生まれてから人生の最後まで必須の概念といえるでしょう。

ダスキン「共働き世帯の家事に関する調査」（2022年2月）より

KonMari's memo

共働き世帯の家事分担　20〜50代の共働き夫婦を対象とした、ダスキンの調査でも、分担割合は夫1割:妻9割が最多に。

ネットフリックスで２０１９年に配信された私の片づけの番組を作る際に、制作チームがもっとも重視していたのが、ダイバーシティー（多様性）でした。番組内では、女性だけではなく、家族、夫婦、女性カップル、男性カップル、父親と息子など、片づけに向き合うさまざまな立場の人たちが登場します。

この**多様性が、番組が世界で受け入れられた要因の１つでもあるのです。**

日本でも今や、片づけに関する発信をする男性が珍しくなくなりました。女性だから、大人だから片づけをするという考え方が崩れようとしています。**１人１人が自分のものを管理し、片づける、ということが、当たり前になる日も近いかもしれません。**

家のことに関して妻が分担している割合

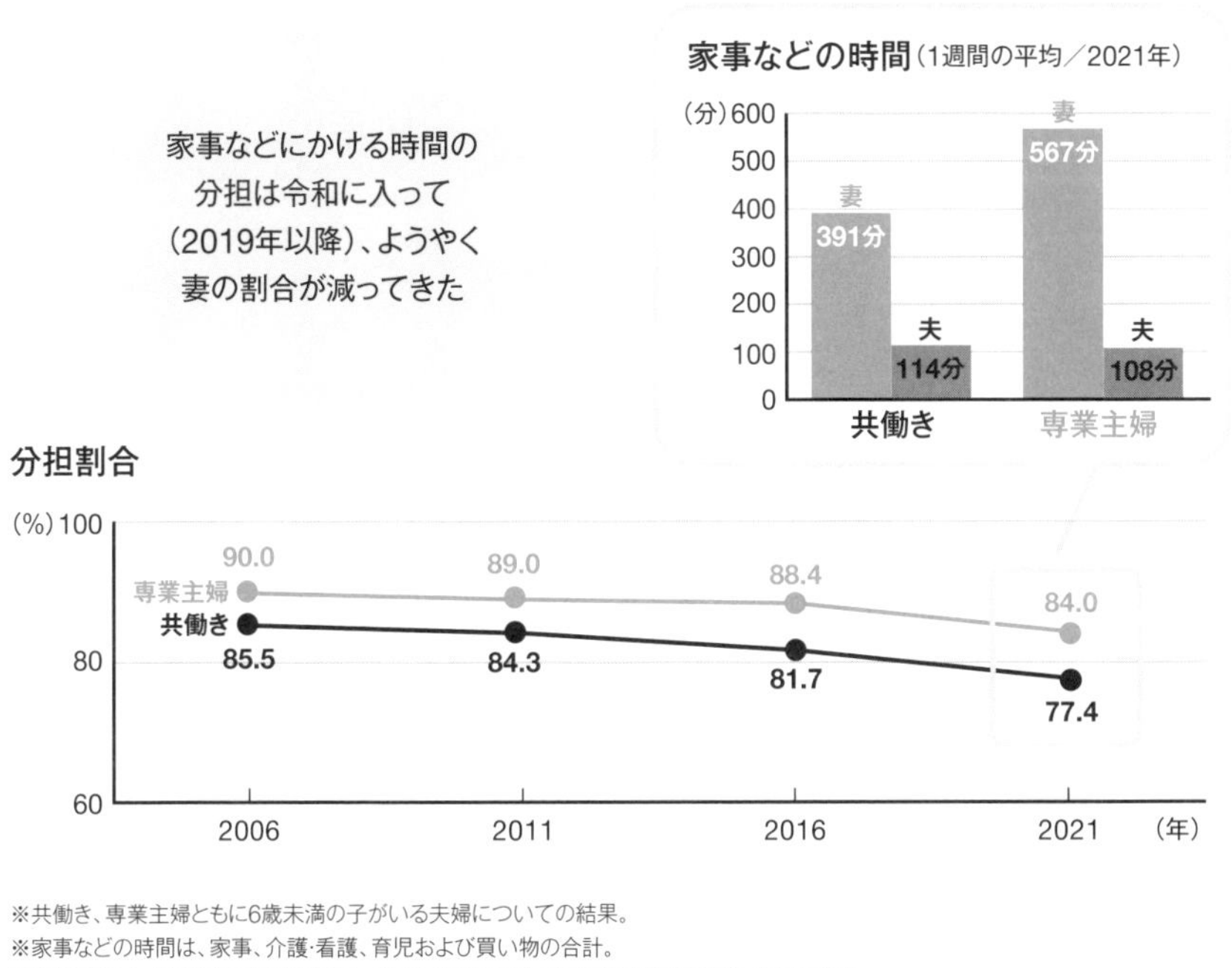
家事などにかける時間の
分担は令和に入って
(2019年以降)、ようやく
妻の割合が減ってきた
家事などの時間（1週間の平均／2021年）
(分)600
500
400
300
200
100
0
妻
391分
夫
114分
共働き
妻
567分
夫
108分
専業主婦
分担割合
(%)100
80
60
専業主婦
90.0
89.0
88.4
84.0
共働き
85.5
84.3
81.7
77.4
2006
2011
2016
2021
(年)

※共働き、専業主婦ともに6歳未満の子がいる夫婦についての結果。
※家事などの時間は、家事、介護·看護、育児および買い物の合計。
※分担割合は、(妻の家事などの時間)／(妻と夫の家事などの時間の合計時間)×100で算出。
(内閣府「令和5年版男女共同参画白書」をもとに作成)

家仕事の1つだった片づけが今や、職業として求められる時代へ

日本は片づけ情報の先進国である、とCHAPTER1の中で述べましたが、意外にも、仕事としての片づけのプロの登場はアメリカが先です。

アメリカでは1980年代から、プロフェッショナル・オーガナイザーという、片づけを仕事にする資格の発行が始まりました。特徴は、思考の整理から始まる、コンサルティング型の片づけであること。アメリカではカウンセリングを受けることは一般的で、困りごとがある場合に気軽にプロに相談する、という文化が根付いています。片づけにおいても同様。心理的なアプローチからコンサルティングしていく形で始まったことは、アメリカらしいといえます。

その日本版として登場したのが、一般社団法人日本ライフオーガナイザー協会（2008年設立）。片づけのプロが集まる国際連盟IFPOAに加盟しているため、定期的に世界各国の人たちと交流しながら、片づけに関してスキルアップできることが強みです。

片づけの資格発行を行う団体のなかで有名なのは、整理収納アドバイザーなどの資格を発行する、特定非営利活動法人ハウスキーピング協会（2003年設立）。現在、有資格者は19万5000人を超える規模に成長しています。私は大学在学中に同資格を取得しました。

KonMari's memo

IFPOA（片づけのプロの協会の国際連盟）世界の片づけの専門家の協会間で、交流・情報共有などを行うプラットフォーム。

2013年からは私自身も、こんまり流片づけコンサルタントという片づけのプロ養成事業を始めました。世界60カ国以上に約900名の認定コンサルタントがいます（2024年4月現在）。国別では多い順に日本、アメリカ、イギリス、カナダで、欧米圏がやはり多いものの、シンガポール、アラブ首長国連邦、インドなど、アジア圏や中東で活動している人もいます。

職業として成り立つということは、「片づけ」に対しての需要があるということです。特に、先進国では、戦後以降の経済成長に伴い、ものの飽和状態が問題になっています。人がものを必要としている限り、ものの選別、管理、片づけの必要性がなくなることはありません。これまであまり顕在化されてこなかった「片づけを学ぶこと」「片づけのスキルを身につけること」のニーズが、今後さらに高まっていくことは、容易に想像できることです。

もし片づけに行き詰まったら、思いきってプロに相談してみるのはおすすめです。片づけがスムーズに進み、リバウンドもしにくいという効果が間違いなくあります。訪問での片づけサポート以外にも、オンラインでのコンサルティングや、気軽に質問ができるグループレッスンなど、多様なサービスがあるので、気になる人はチェックしてみるといいでしょう。

片づけをプロにサポートしてもらう、もしくは片づけを職業にする、という選択肢も、今後はより一般的なものになっていくかもしれません。

KonMari's memo
整理収納アドバイザー 資格には、2級・準1級・1級の3階級があり、さまざまな目的に応じて段階的に学べる。

考え方や方法はじつにさまざま。まだある、片づけをテーマにした書籍

新しい片づけ術が次々に生み出されている日本。こんまりメソッドやこれまで紹介した片づけ法のほかにも、状況や好みに応じて選択肢がたくさんあります。こちらでは、近年、登場した、さまざまなメソッドを提唱者別に紹介しましょう。

最初は、片づけられなくて汚部屋になってしまった人が、自ら何とかしようと実践した片づけ術です。

汚部屋だった自宅兼仕事場を片づける決心をしたイラストレーターでマンガ家の池田暁子さんは、「こんどこそ片づく5つのステップ」として、①基地を作る、②台所を攻める、③毎日使うものを基地に集める、④今使わないものを捨てる、⑤部屋のマップを作る、を実践しました。著書は『片づけられない女のための こんどこそ！ 片づける技術』（文藝春秋）。1人暮らしの人、コミックエッセイで読みたい人などにおすすめです。

バブリー芸人の平野ノラさんの「ノラ式バブリー片づけ」は、1日15分、日替わりで決めたエリア内のものを、今使っているか、使っていないかで1つずつ判断していく方法です。著書は『部屋を片づけたら人生のミラーボールが輝きだした。1日15分のノラ式実践法』（KAD

KonMari's memo

片づけインフルエンサー　近年では、片づけをテーマにSNSで発信している人も。特にユーチューブやインスタグラムが多い。

ＯＫＡＷＡ）。子育て中でまとまった時間がとれない人、忙しい人などにおすすめ。

経済評論家の勝間和代さんの著書『２週間で人生を取り戻す！ 勝間式 汚部屋脱出プログラム』（文春文庫）では、今、使っていないものは捨てるのがルール。簡単で効果実感が高い場所から片づけていく方法です。パソコン周りの片づけや、家事の逐次処理を行う家電のアドバイスが記載されていて、ワーキングマザーをはじめとする働く人に嬉しい内容です。

断捨離ブーム以降、捨てることにクローズアップした考えもいろいろ登場しています。ニュージーランド在住で自給自足の暮らしを実践する執筆家の四角大輔さんの著書は『超ミニマル主義』（ダイヤモンド社）。家の中のものはもちろん、衣類やバッグなど身につけるもの、そして情報やタスク、人間関係、ストレスなど非物理的なものを「最小・最軽量化」する具体的な方法を紹介しています。人生のミニマル化により、感覚が研ぎ澄まされ、判断力が向上して迷いが減り、大切なことに集中できるようになると説きます。

片づけアドバイザーの石阪京子さんの著書『人生が変わる 紙片づけ！』（ダイヤモンド社）は、大事な書類が探せない人、家の中に紙類が大量にある人向け。もやもや、イライラの原因は紙であるとし、日々増える紙の撃退法、紙のファイリングのコツなどを伝えています。

効率アップやビジネスの観点で片づけたい人には、次のような片づけ法があります。

KonMari's memo
収納王子コジマジック 片づけのプロであり、芸人でもある。ユーチューブ（YouTube）「収納王子コジマジックちゃんねる」。

東京大学卒の整理収納アドバイザー・米田まりなさんは、自宅での作業時に、集中できる部屋を作るための片づけ術を伝授します。片づけは1セット30分で、①全部出す、②頻度別に分ける、③定位置を決める、④使ったら戻す、の基本フローで行います。詳しくは『集中できないのは、部屋のせい。』（PHP研究所）。

かたづけ士の小松易さんは、著書『「かたづけ思考」こそ最強の問題解決』（PHP研究所）で、リーダーを目指す人には片づけ思考が必要だと訴え、デスク周りやパソコン内のフォルダ、仕事（コト）について、片づけを実践する方法を提示します。

心理面からアプローチした片づけ術もあります。

メンタリストDaiGoさんは、「DaiGo式・片づけ」を提唱。著書『人生を思い通りに操る 片づけの心理法則』（Gakken）の中では、「3択の原則」「初速最大化の原則」「ローコスト管理の原則」の、片づけの基本・3原則を紹介しています。

自身も片づけられないことに悩んでいた心理カウンセラーの大嶋信頼さんの、大嶋式ラクラク片づけメソッドでは、片づけが苦手という暗示を逆手にとり、無意識の力を使って片づける行動を促します。片づけられない自分から抜け出せない人へ。著書は『片づけられない自分がいますぐ変わる本』（あさ出版）です。

KonMari's memo

まあち インスタグラム(maachi.k.k_home)にて 整理収納のコツを中心に発信。著書『片付けは思考が9割!』(宝島社)。

片づけで運気を上げたい人には、風水師の李家幽竹さんの『新装版 運がよくなる風水収納&整理術』（日本実業出版社）があります。古くなったものに囲まれていると、運気が低下するという風水の考え方から、運気がアップする片づけ術を伝授します。

憧れのライフスタイルから片づけを進めていくのも素敵です。作家の井形慶子さんは、『イギリス式 節約お片付け』（宝島社）の中で、今あるもので美しく豊かに生きる知恵が詰まったイギリス式の片づけについて解説。ドイツ式では、料理研究家の門倉多仁亜さんの『タニアのドイツ式整理術・完全版』（集英社）。ドイツには、「人生の半分は整理整頓」ということわざがあるそうです。

最近では、SNSで片づけのアイデアを手軽に得ることができます。インスタグラムやユーチューブなどで人気のインフルエンサーをフォローしてみたり、悩み別に気軽に検索してみたり…というのも、今の時代に合った方法といえるでしょう。

ここで紹介したメソッド以外にも、さまざまな片づけ法があります。コミック形式で気軽に読みたい、理論をしっかり学びたい、オンラインのコースを受講したい、など、ニーズに合わせて探してみるのも、楽しみの1つです。

どの片づけ法にときめくかは、あなた次第。もちろん、どの方法を選んだとしても、片づけは人生を変え、ときめく毎日を実現する手助けになることは、間違いありません。

KonMari's memo
ひでまる インスタグラム（hidemaroom）にて理想の部屋づくりや収納について発信。著書『47㎡、2人暮らし』（小学館）。

ものの手放し方は捨てるだけではない。寄付やリサイクルなど社会貢献のすすめ

まだ使えるものを、処分するのはもったいない。ごみとして捨てるのは罪悪感がある…。片づけのなかで誰もが経験する感情です。そして、葛藤した結果、ものを捨てられずにきた人も多いのではないでしょうか。

私がアメリカで活動するようになって学んだのは、**捨てる以外の選択肢**です。

有名なのは、ガレージセール。不要になった家具や日用品を自宅のガレージや庭先で売ることで、アメリカでリユース意識が高まり始めた1970年代から主流になったスタイルです。スプリングクリーニングと呼ばれる、大掃除で出てきた不用品を売ることも多いです。週末に住宅街を散歩していると、段ボールに手書きで描かれたガレージセールの看板を見つけることが多く、ごく日常的に行われているという印象でした。

似たようなスタイルでは、エステートセールがあります。家の持ち主が亡くなった際に、家を一般公開して行われるフリーマーケットで、洋服や家具などのほかに、なんと家自体も売りに出されます。アメリカでは、遺産整理の方法として一般的。

日本人の感覚からすると、亡くなった人の家に入り、ものを直接買うことはなんだか気が引

KonMari's memo

スプリングクリーニング　春に大掃除をする、欧米の習慣。冬に使った暖炉などの暖房器具を春に掃除することに由来する。

けますが、そこはオープンマインドの国、アメリカ。遺品だからといって、日本ほどマイナスイメージをもつ人は少ないようです。

どちらのセールも場所を移動することはなく、自宅前で気軽に行われています。

アメリカのどの街にも必ずといっていいほどあるのが、リサイクル・ドネーションセンターです。利用者は不要になったものを寄付してショップ側が売る、いわゆるリユースショップです。なかでも、グッドウィル（Goodwill）が有名です。アメリカ国内で、３２００以上の店舗を展開する最大手で、とにかく手軽に利用できるのが特徴。

多くの場合、不用品を袋に詰めて車で乗りつけ、ショップの駐車場に置いてある巨大なコンテナの中にそのまま袋を入れて、完了。アメリカの納税者は、グッドウィルでレシートをもらい、確定申告時に寄付した品目を申請すると、税金の控除が受けられるそうです。

私のネットフリックスの番組配信後、番組に感化された人たちが**家を片づけ始めたことで、リユースショップへの寄付の量が増えた**というニュースが話題になりました。ある店舗では40％増加したというのですから、相当数の人が片づけにトライしてくれたようです。

日本でも、リユースの選択肢は増えてきました。

街のリユースショップやフリーマーケットなどはもちろん、学校の制服を下級生や新入生に譲る取り組み、自治体では古着の回収をしているところもあります。また、不用品や古着の物品寄付を受け付けているNPO法人や団体も多く登場しています。各団体の理念や、寄付されたものの分配方法などを調べ、共感できるところを選ぶとよいでしょう。

さらに、個人間でのやり取りが手軽にできるフリマアプリもさまざまあります。これらを活用することも、ときめかなくなったものの手放し方としておすすめです。

リユースショップは、以前はリサイクルショップと呼ばれていました。2000年以降、資源を大切にするキーワードとして「3R」が提唱され、リユースが再使用・再利用を表すのに対し、リサイクルはペットボトルやガラスなどの再資源化を指すようになりました。

3Rとは、次のことをいいます。

リデュース（ごみを減らす）
リユース（繰り返し使う）
リサイクル（資源として再生利用する）

2022年の日本のリユース市場規模は、2兆8976億円。2009年以降、13年連続で拡大しています（リユース経済新聞「リユース業界の市場規模推計2023」）。

捨てる以外の、ものの手放し方の選択肢は、これからますます多様化し、増えていくことでしょう。

KonMari's memo 手放し方を決めておく 洋服はここに送る、本はこの店に持って行くなど決めておくと、いつまでも置きっぱなしにならない。

3Rと、リユースとしてできること

リデュース Reduce
ごみを減らす

私たちができること
- ☑ 詰め替え容器を使う
- ☑ マイバッグを持ち歩く
- ☑ 無駄なものは買わない

リユース Reuse
繰り返し使う

REUSE

私たちができること
- ☑ 補修や手入れをして洋服を長く着る
- ☑ 繰り返し使用するリターナブル容器に入ったものを選ぶ

リサイクル Recycle
資源として再生利用

私たちができること
- ☑ ごみを分別して出す
- ☑ 家電4品目(P229)は販売店などに引き取ってもらう

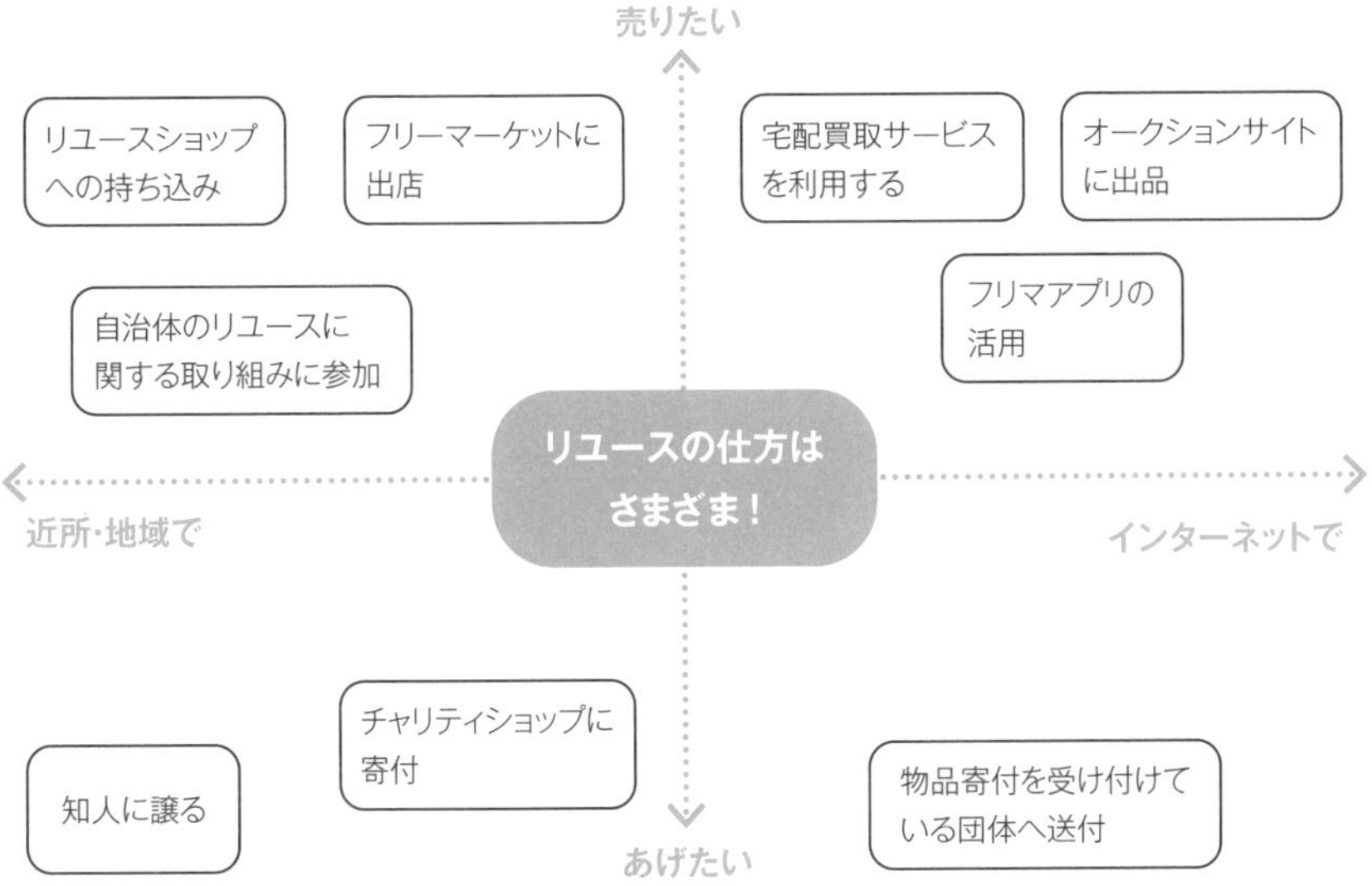
売りたい
リユースショップへの持ち込み
フリーマーケットに出店
宅配買取サービスを利用する
オークションサイトに出品
自治体のリユースに関する取り組みに参加
フリマアプリの活用
リユースの仕方はさまざま!
近所・地域で
インターネットで
チャリティショップに寄付
知人に譲る
物品寄付を受け付けている団体へ送付
あげたい

社会の一員として考えていきたい。片づけと、手放したもの（ごみ）の問題

前項での不用品の寄付には、負の側面もあります。最近問題になっているのは、発展途上国への過剰な古着の寄付による、ごみ問題です。

寄付された古着が送られるのは、パキスタンやマレーシア、ガーナなどの途上国で、最終的にたどり着くのは、アフリカの古着市場です。現地で再販されたり、難民キャンプに送られたりして、有効に活用されています。しかし一方では、再利用されずに廃棄物となってしまうものがあり、それらは、埋め立て処分されているのが現状だといいます。

埋め立てられた大量の衣類は化学製品を含んでいるため、有害物質の発生源となり、大気汚染や地下水の汚染などの環境問題へと発展しているというのです。

そのことを考えると古着を寄付する場合は、なるべく近くの人や地元のコミュニティで譲り合うのもいいでしょう。古すぎるものは寄付しないという心がけも大切です。

こうした問題は古着だけではなく、それ以外のごみに関しても同様です。地球上で廃棄されているごみの量は、日本だけでみても、年間４０９５万トン、なんと東京ドーム約１１０杯分

KonMari's memo

店舗での回収　ユニクロや三陽商会など、店舗で自社製品を回収する仕組みを作っている会社もある。

ものごみが排出されています（環境省「一般廃棄物の排出及び処理状況等（令和3年度）」）。

ごみ問題の現実に向き合うほどに、これまで片づけブームが提唱してきた「とにかく捨ててすっきりする」行為が、地球環境を圧迫する要因に思えてきます。しかし、だからといって「環境破壊になるから、片づけ反対！」という極端な考えも、バランスを欠くと私は思うのです。

そもそも、**大量のものを手放すことになった原因は、不要なものを買いすぎていたことから始まります。この状況を改善するには、消費行動から見直す必要があります。**そのためには、今持っているものと向き合い、これまでのものの買い方を振り返り、ときには後悔したり、反省したりするプロセスが重要です。

無駄買いを防ぎ、自分にとって適切な買い物をするために、片づけはやはり有用なのです。

こんまりメソッドでは、ときめかないものを手放すのが基本です。しかし、何でもすぐに手放すのではなく、**長期的な視野をもった片づけをしていく必要が今後、出てくるでしょう。**

たとえば、今使っているシャンプーのデザインがときめかないと気づいても、使える状態のものであれば、まずは感謝の気持ちで使いきります。そのあとに、ときめくものを選ぶ生活にシフトしていくというのは、ごみを減らしていくリデュースの考えとして有効です。

ごみを減らす活動として3Rとともに注目されているのが、ゼロ・ウェイストです。これは、

KonMari's memo
ごみ問題の影響　廃棄物処理にともなう温室効果ガスの排出や、埋立地の不足、海洋プラスチック問題である環境破壊など。

「ごみをゼロにする」ことを目標に、できるだけ廃棄物を減らそうという取り組みのこと。

1996年にオーストラリアの首都キャンベラが、世界で初めて「ゼロ・ウェイスト宣言」を出したことから始まり、その後世界各地に広がりました。ごみの仕分けの徹底化、リサイクルの推進など従来の3R活動のほか、家庭から出る生ごみや落ち葉などを回収して堆肥にする取り組み（コンポスト）も代表的なものの1つです。

日本では2003年に徳島県上勝町がゼロ・ウェイスト宣言をし、リサイクル率が80%を超えたことが話題になりました。

個人でゼロ・ウェイストを実践する人も増えています。自宅にコンポストの装置を設置して、生ごみを堆肥にして家庭菜園に使い、循環型の暮らしを実現している人もいます。1年間で出すごみが、なんと紙コップ1杯分という驚きのケースもあるそうです。

もちろん課題もあります。リサイクルの手間がかかること、新たな仕組み作りのための設備や費用が必要になるなど。食品パッケージ削減が推進されていたものの、コロナ禍で衛生面の見直しがあり、個別包装が再度強化されたというケースもありました。

片づけとごみ問題のバランスは、1つの的確な正解があるわけではなく、私たち自身が引き続き考えていくべき課題です。心からときめくものを中心に暮らしを組み立て、手に入れたものは長く愛用し、手放すときはその方法を考える…これが、これからの片づけです。

KonMari's memo

コンポストの補助金　コンポストや生ごみ処理機を個人が購入する場合、自治体によっては補助金を出している場合がある。

家庭で出るごみの分別例

可燃ごみ

燃やせるごみ。生ごみなどの台所ごみ、紙、布のごみなど。

家電4品目

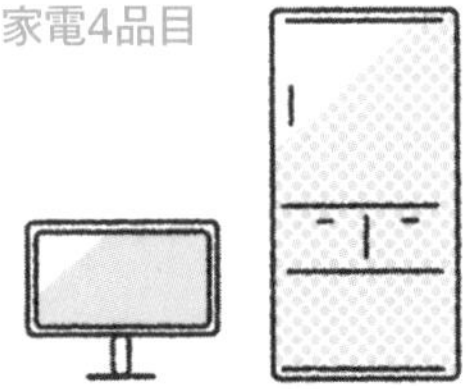

エアコン、テレビ、冷蔵庫･冷凍庫、洗濯機･衣類乾燥機。

プラスチック

すべてがプラスチック製のもの。汚れを取って出す。

不燃ごみ

ガラス、陶磁器類、金属製品、プラスチック製品など。

古紙

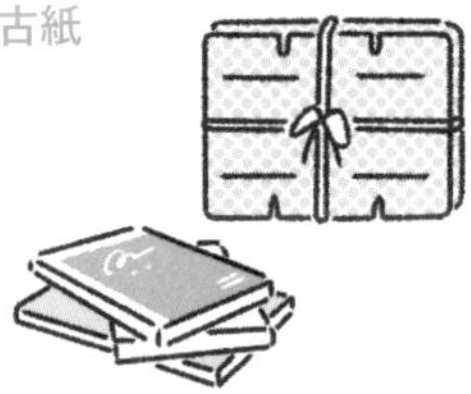

新聞紙、雑誌、段ボール、紙パックなど。紐で縛って出す。

びん

ジュースやジャムなど飲食用びん。ふたを取り、中をすすぐ。

有害ごみ

危険品。ライター、蛍光灯、水銀入りの体温計、乾電池など。

缶

ペットフード缶含む飲食用の缶。中はすすいでおく。

ペットボトル

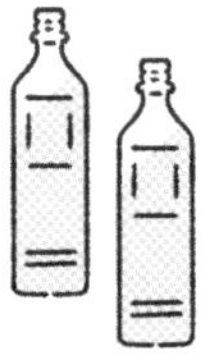

キャップとラベルははずして、プラスチックごみへ。

粗大ごみ

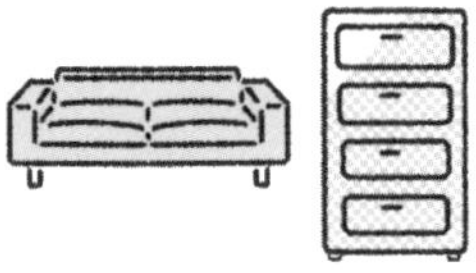

おおむね30㎝以上のもの。処分の際は事前予約制で有料。

これらは、資源としてリサイクルできる

ごみの出し方は、
自治体によって違うので
ホームページなどで確認を

これからの片づけに求められるのは環境に配慮したサステナブルな観点

先日、アメリカの新聞社、ニューヨーク・タイムズが主催する気候変動イベントに登壇する機会がありました。マイクロソフト創業者のビル・ゲイツさんや、アメリカ元副大統領のアル・ゴアさんなど錚々たるメンバーと同じ舞台で、地球環境のこれからについてトークセッションをすることになったのです。

トークテーマは「Can a Tidy House Save the World?」――片づけは世界を救うか？　本書でこれまで述べてきた、片づけの利点や、**ときめきの感覚を磨くことで消費行動が変わる**こと、併せて、片づけと経済活動のバランスなどについて話しました。

イベント会場では、ペットボトルの持ち込みは不可。その理由は、プラスチック製品による**海洋汚染の問題により、ペットボトルの消費を抑えようという風潮が、アメリカで強まっているからです**。参加者は、自分の水筒などに、水やお茶などを入れて持参しました。

このイベント以外にも、アメリカの都市部やヨーロッパ、オーストラリアやニュージーランドなどを中心に、サステナビリティ（持続可能性）を重視する環境意識の高まりを感じます。た

KonMari's memo
サステナブル（Sustainable）　sustain（持続する）とable（～できる）からなる。「持続可能な」「維持できる」という意味がある。

とえば、ストローがプラスチック製から紙製になったり、竹製のマイストローを持つ人が増えたり。日本でも、紙製のストローを、以前より見かけるようになりました。

ヴィーガン（動物性の食べ物や道具を使用しないライフスタイル）の人も増えています。動物愛護のためだけではなく、温室効果ガスの抑制など、環境負荷の軽減にもつながると考えられているためです。

厳格なヴィーガンの人もいますが、週に1日だけ植物性のみの食事を実践する人や、普段はヴィーガンでも月に1日は好きなものを食べてOKと決めている人など、ルールに縛られすぎず、無理のないペースで楽しみながら続けている人も多い印象です。

3R、ゼロ・ウェイスト、サステナブル…。環境分野ではさまざまな言葉が生まれていますが、根底にあるのは、私たちの住む地球をよくしていきたい、というシンプルな思いです。

究極をいえば、世界中の人すべてがミニマリストになり、ゼロ・ウェイストを実践。地産地消を徹底して、あるものを繕いながら完璧にサステナブルな生活をすることが、理想的なのは間違いありません。

ただ、今すぐにその状態を達成するのは難しく、**それぞれが現状のライフスタイルを調整しながら、少しずつ生活をシフトしていくのが現実的**です。思想が過激になって感情のバランスがとれなくなったり、主張の違いから対立が生まれたりするのでは、意味がありません。

KonMari's memo

サステナブルな社会　地球環境を壊さず、資源も使いすぎず、平和で豊かに、永続的に生活できる社会のこと

大事なのは、個人としての幸せと、サステナブルな消費行動のバランスをとること。

消費行動を全否定する必要はありません。新しいものを買うときのときめきや、役には立たないけれど美しい装飾品などは、日々に彩りを与えてくれます。さまざまなものに触れて自分の好みを知っていく経験も、人生には欠かせません。経済活動も然りです。

一方で、**リサイクルやリユースしたり、フードロスを極力減らしたり。自分ができることから1つずつ、環境に配慮した行動を心がけてみてください**。完璧じゃなくていいのです。

そのうえで、私たち1人1人に今すぐできることは何か。私が提案したいのは、やはり自分の家の片づけをすることです。

片づけをすると、自分にとって本当に必要なものがクリアになります。買い物の失敗が減り、ストックの量も適正にキープできるようになります。ときめくものを味わって大切にする生き方にシフトし、ものも時間もエネルギーも、無駄な資源を使わずにすむようになります。

なにより、日々、ときめきや喜びを感じて過ごせるようになるのです。**当たり前の日常のなかで、周りのものに感謝して生きる喜びを、片づけは教えてくれます。**

地球環境を守ろう、という考えは、尊いものです。誰もが向き合うべきことです。しかし、その第一歩として、まずは**いちばん身近な環境である、自分の家を整えること。自分のときめきに向き合い、心をよい状態にしておくこと。そこから起こる私たちそれぞれの行動の変化が、地球環境の改善につながっていくはず**です。

あなたの片づけが、世界の片づけにつながり、私たちの地球の未来を形作っていきます。

池上は、こう読んだ

片づけの指南は職業として成立するという発見。こんまりメソッド以外の方法もあるのだと参考図書を紹介してくださるのは、とてもフェアな態度だと思います。片づけは自分でできればいいけれど、できなければプロに頼む。つまりアウトソーシングなのですね。このときも、「この人に頼んでときめくかどうか」という視点が必要な気がします。

片づけるとは、いかに捨てるかと同義だと思いがちでしたが、そうとは限らないのですね。これまで自分の傍らに存在していたものを再評価し、自分のところでは必要なくなったと判断したら、別の活躍の場へと送り出す。これも片づけなのですね。「もらわれた先で頑張れよ」と送り出す。そのためには、「今後も使える」と思っても、ほかの人に使ってもらえると思えば、快く片づけることができます。

ものが溢れているのは、結局は無駄な買い物をしているということですね。私はストレスがたまると書店に行って本を大量に買い込みます。これって、単なるストレス解消法だったのかも。本ではなくても衣類を衝動買いしてしまう人もいるでしょう。買い物をしてストレスを解消するのではなく、片づけでストレス解消する。このほうが、お金がかからないし、地球環境のためにもよさそうです。

参考文献・ウェブサイト

- 「イラストでときめく片づけの魔法」近藤麻理恵（サンマーク出版）
- 「おしゃべりな部屋」近藤麻理恵／川村元気（中央公論新社）
- 「こんまり流 今よりもっと人生がときめく77のヒント」近藤麻理恵（匠書房）
- 「室内と家具の歴史」小泉和子（中央公論新社）
- 「Joy at Work」近藤麻理恵／スコット・ソネンシェイン（河出書房新社）
- 「人生がときめく片づけの魔法―改訂版―」近藤麻理恵（河出書房新社）
- 「人生がときめく片づけの魔法2―改訂版―」近藤麻理恵（河出書房新社）
- 「人生がときめく魔法の片づけノート」近藤麻理恵（扶桑社）
- 「図説 日本インテリアの歴史」小泉和子（河出書房新社）
- 「道具と暮らしの江戸時代」小泉和子（吉川弘文館）
- 「日本の住まいの歴史　①古代（縄文時代～平安時代）」
  小泉和子監修／家具道具室内史学会（ゆまに書房）
- 「武士の衣服から歴史を読む」佐多芳彦（吉川弘文館）
- 「毎日がときめく片づけの魔法」近藤麻理恵（サンマーク出版）
- 「マンガで読む 人生がときめく片づけの魔法」近藤麻理恵／ウラモトユウコ（サンマーク出版）

- 「Forbes JAPAN」2023年3月号（リンクタイズ）

- MMD研究所　https://mmdlabo.jp/investigation/detail_2163.html
- 片づけの学校　https://tidying-up.jp
- 環境省　https://www.env.go.jp
- 経済産業省　https://www.meti.go.jp/policy/recycle
- コクヨ マガジン　https://www.kokuyo-st.co.jp/mag/work/2022/02/000212.html
- ゼロ・ウェイストタウン上勝　https://zwtk.jp
- ダスキン　https://www.duskin.jp/merrymaids/column/detail/00009
- 内閣府男女共同参画局　https://www.gender.go.jp
- 日本ライフオーガナイザー協会　https://jalo.jp
- ハウスキーピング協会　https://housekeeping.or.jp
- リユース経済新聞　https://www.recycle-tsushin.com

おわりに

片づけ学というテーマで本を出しませんか、というご提案を出版社さんからいただいたときに私がまず感じたのは、「私に書けるだろうか」という不安でした。なぜなら、私が普段伝えているこんまりメソッドは、あくまでも数多くある片づけ法の1つだからです。

しかし実際に企画がスタートし、筆が進むにつれ、これまでの自分の経験が次々と結びつき、1つの線としてつながっていくような感覚になったのです。

5歳から片づけに興味をもち、小学校の休み時間も片づけにいそしんでいたこと。15歳から本格的に片づけの研究を始め、日本中の片づけ本を片っ端から読み尽くしていたこと。19歳から片づけコンサルタントとしてのキャリアをスタートし、本を出版したあとは、いつのまにか海外で活動するようになったこと。果てには、アメリカのアカデミー賞でレッドカーペットを歩いたり、ビル・ゲイツさんと同じ舞台で環境問題について話すようになったり…。

ただただ「片づけが好き」という純粋な思いからのスタートでしたが、片づけを通じて多くの方に関わり、学んできたこと、経験したことが、この本によって形になり、集大成となったと感じています。

なによりも大きな発見は、片づけを大きな視点で捉え直すことができたことです。

単なる家事の1つと思われがちな片づけも、私たちの暮らしと経済、社会に密接に関係し、時代によって変化してきたということ。こんまりメソッドが形になり、世界に広まったことも、すべては歴史や社会の大きな流れのなかにあり、何1つ自分1人で成し遂げたことはないのだということ。「片づけ」と「社会」の間にあるつながりを発見できたことが、この本を執筆して得た、いちばんの学びでした。

この本では、教養としての片づけをご紹介しましたが、最終的には片づけは実践が命です。ぜひ、この本の中でご紹介した片づけを、あなたも実行してみてください。住んでいる家はもちろん、仕事場やデータ、人間関係や時間の使い方まで、あらゆることを片づけて、自分の人生の中の「ときめき」を見つけてください。

この本によって、読者の皆様が片づけを実践し、ときめく人生をあゆんでいただくこと。そしてそれが、この社会や地球がさらにときめく場所に変化していく、1つのきっかけとなれたのなら、著者としてこれ以上嬉しいことはありません。

素晴らしい出版の機会をくださったKADOKAWAさん。ともに議論をし、本作りをご一緒してくださった池上 彰さん。執筆の長い道のりを伴走してくださった編集の柳さん、生島さん。本書を書くにあたり、お力添えいただいたすべての皆様に、心から感謝いたします。

2024年4月

近藤 麻理恵

まとめ

片づけが、果たして「教養」といえるのか。そんな疑問をもって読み始めた、あなた。これが立派な教養なのだということがわかったのではないでしょうか。

いるものといらないものの区別は、「ときめく」かどうかで判断する。それだけを聞くと懐疑的になりがちですが、この本を読み進めば、立派な哲学であることがわかるでしょう。生き方の指針となる書でもあるのです。

こんまりメソッドは、はじめは日本で発表されたものでしたが、あっという間に世界に広がりました。「ときめき」を判断材料にする方法は、「東洋の神秘」に思えたかも知れませんが、その快刀乱麻の切れ味は、世界で受け入れられたのです。この本を読めば、その秘密も納得できます。

とにかく片づけが苦手で嫌いな私ですが、こんまりメソッドを実践すれば、生き方まで変わってくるのだということが理解できるようになりました。これで私の教養は増大するのでしょうか。

私は日頃から「教養とは知識の運用力だ」といっています。私たちの頭の中に存在するバラバラな知識。その知識と知識を結びつけて、新しい視点を作り出す。これぞ教養です。

身の回りに雑多に存在する衣類や本、資料の数々。あるいは、パソコンの中に乱雑に収納されているファイルや文書の数々。これらを手際よく整理していく。何を捨て、何を残すかは、まさに人生の棚卸しそのものなのですね。

でも、片づけとは、単にいらなくなったものを捨てることを意味するのではないのですね。自分にとって何が必要不可欠な存在なのかを見つめ直していくことなのです。過去に片づけることができなかった人生に片をつける。ある程度の人生経験を積んでこそできることなのだと改めて自覚できました。「人間関係の片づけは、手放すために縁を切る作業ではなく、自分の周りの大切な人や仲間たちを再認識する作業です」の指摘には心が震えました。片づけとは、自分の生き方をジャンル分けして整理することでもあるのだと痛感しました。

この本のシリーズは、「明日の自信になる教養」です。単に物知りになる「教養」ではなく、自信をもって生きていけるための教養を読者に深めてもらおうと企画されました。読んでみたら、「なんだ、片づけって、立派な教養なんだ!」という自信がついたはずです。

こんまりメソッドは、「ときめき」をキーワードにしています。「ときめき」とは、人生を充実させるものです。人生や仕事に「ときめき」が見出せなかったら、それはどこかで間違った選択をしてしまったからでしょう。「ときめき」で片づけを始めたら、仕事そのものを片づけ、次の世界に飛躍することができるのです。

2024年4月

池上彰

近藤麻理恵

MARIE KONDO

1984年生まれ。片づけコンサルタント。愛称はこんまり。幼少期から片づけの研究を始め、独自の片づけ法「こんまりメソッド」を編み出す。『人生がときめく片づけの魔法』(河出書房新社)は40カ国以上で翻訳され、シリーズ累計1400万部を超える。2015年に米『TIME』誌の「世界で最も影響力のある100人」に選出。2022年にはネットフリックス(Netflix)の冠番組で、米デイタイム・エミー賞を受賞。

https://konmari.jp

池上 彰

AKIRA IKEGAMI

1950年生まれ。ジャーナリスト。慶應義塾大学卒業後、NHK入局。1994年から11年間、「週刊こどもニュース」のお父さん役として活躍。独立後は取材執筆活動を続けながら、メディアでニュースをわかりやすく解説し、幅広い人気を得ている。『知らないと恥をかく世界の大問題』シリーズ(小社刊)など著書も多数。

明日《あした》の自信《じしん》になる教養《きょうよう》③　池上《いけがみ》 彰《あきら》 責任編集《せきにんへんしゅう》

部屋《へや》も心《こころ》も整《ととの》う片《かた》づけ学《がく》

2024年5月17日　初版発行

著　　者　近藤麻理恵《こんどうまりえ》

責任編集　池上《いけがみ》 彰《あきら》

発 行 者　山下直久

発　　行　株式会社KADOKAWA
〒102-8177
東京都千代田区富士見2-13-3
TEL: 0570-002-301(ナビダイヤル)

印 刷 所　大日本印刷株式会社

製 本 所　大日本印刷株式会社

Printed in Japan
ISBN 978-4-04-897566-7　C0030